PROFESSION
RESTAURATEUR

Groupe Eyrolles
61, bd Saint-Germain
75240 Paris Cedex 05
www.editions-eyrolles.com

© Groupe Eyrolles, 2013
ISBN : 978-2-212-55574-5

Anne Delaby

PROFESSION
RESTAURATEUR

EYROLLES

Sommaire

Introduction 11

Chapitre 1
Définir votre projet de restaurant 13
Connaître le marché de la restauration............................ 13
Restauration traditionnelle et restauration rapide 14
Le « boom » de la restauration rapide 14
*La restauration traditionnelle est-elle condamnée
à disparaître ?*.. 15
*Une majorité d'indépendants, mais un développement
des chaînes*.. 17
Choisir votre positionnement et votre concept de restauration 17
Opter pour un positionnement clair 17
Imaginer votre concept de restauration 18
Ouvrir un restaurant indépendant ou en franchise.............. 21
La franchise, c'est quoi ? 22
Quels sont les avantages à choisir la franchise ?............... 22
La contrepartie : des contraintes en tant que franchisé 23
Choisir votre emplacement... 24
Un choix stratégique 24
Comment disposer d'un local ? 25
Qu'est-ce qu'un bail commercial ? 26
Qu'est-ce qu'un fonds de commerce ?............................ 27
Élaborer votre carte de restaurant.................................. 30
L'assortiment proposé 30
Comment composer votre carte ?.................................. 31
Comment fixer les prix de vente ? 31
Fixer les prix à partir du coût matières........................... 32
Équilibrer les prix de la carte...................................... 35
Ajuster les prix avec le quatrième principe d'Omnes 37
Quiz 39

Chapitre 2

Connaître la réglementation de la profession 41
Aucun diplôme requis 41
Obtention d'un permis d'exploitation 42
Détention d'une licence 43
Les différentes sortes de licences 43
Qui peut obtenir une licence ? 44
Comment obtenir une licence ? 45
Respect des règles d'hygiène et de salubrité 46
La réglementation 46
Déclaration d'ouverture à la Direction Départementale
de la Protection des Populations 48
Obligation de formation à l'hygiène alimentaire en restauration 48
Respect des règles de sécurité pour l'accueil du public 49
Les normes de sécurité 49
La réglementation concernant l'accessibilité
des personnes handicapées 51
Respect de l'interdiction de fumer 51
Le principe 51
Les salles closes affectées à la consommation de tabac 51
Les terrasses ouvertes 52
Affichage de différentes informations dans le restaurant ... 54
Affichage des prix 54
Information du consommateur sur les produits proposés 55
Les autres affichages 56
Respect de la législation sur la diffusion de musique
et d'œuvres audiovisuelles 57
Droit de diffuser de la musique 57
Droit de diffuser des programmes de télévision 58
Droit de diffuser des œuvres audiovisuelles 59
Respect de la tranquillité du voisinage 60
Délivrance d'une note ou d'une facture au client 60
Mentions sur une note 60
Mentions sur une facture 61
Respect des obligations comptables, fiscales et sociales ... 61
Les obligations comptables et fiscales 61
La protection sociale du dirigeant et des salariés 62
Les obligations sociales liées à la présence de salariés 65
Autres réglementations à respecter 66
Obligations concernant les moyens de paiement 66
Autres obligations du restaurateur 70

Les formalités de création de l'entreprise.................................... 72
   La déclaration d'existence de votre entreprise......................... 72
   Les autres formalités à accomplir 73
   Quiz 74

Chapitre 3
Choisir un cadre juridique et fiscal............................ 77
L'entreprise individuelle 78
   Pas de patrimoine en propre.................................... 78
   La responsabilité de l'entrepreneur individuel 78
   Les formalités de création 80
   Le fonctionnement.. 80
   Les apports financiers... 80
   L'imposition des bénéfices de l'entreprise individuelle 81
   La protection sociale de l'entrepreneur individuel.................... 81
   La cession de l'entreprise individuelle............................. 81
   Le régime de l'auto-entrepreneur................................ 82
   L'entrepreneur individuel à responsabilité limitée (EIRL) 82
   Les sociétés 83
   Le nombre d'associés 84
   Le montant minimal du capital 84
   La responsabilité des associés 85
   Les formalités de création de la société............................ 86
   Le dirigeant de l'entreprise..................................... 87
   Le fonctionnement de la société................................. 88
   La protection sociale du dirigeant 89
   La cession de la société 90
Avantages et inconvénients des différentes formes juridiques.. 91
La fiscalité de l'entreprise... 93
   La TVA 94
   L'impôt sur les bénéfices.. 96
   La contribution économique territoriale 98
   Le régime fiscal du réel normal 98
   Le régime fiscal du réel simplifié 99
   Le régime fiscal de la micro-entreprise........................... 100
   Quiz 103

Chapitre 4
Chiffrer votre projet 105
Établir le plan de financement initial 106
  Définition 106
  Présentation 107
  Quels sont les besoins au démarrage ? 108
  Quelles peuvent être les ressources ? 110
Évaluer le chiffre d'affaires prévisionnel 112
  Déterminer la capacité du restaurant 112
  Calculer le nombre moyen de couverts servis par jour 113
  Calculer le nombre de couverts servis annuellement 114
  Évaluer le ticket moyen 114
  Calculer le chiffre d'affaires prévisionnel TTC 115
  Calculer le chiffre d'affaires prévisionnel HT 115
Construire le compte de résultat prévisionnel sur trois ans 116
  Les recettes 117
  Les charges 117
  Présentation 120
Établir le plan de trésorerie 122
  Pourquoi l'établir ? 122
  Comment procéder ? 123
Construire le plan de financement à trois ans 124
  Calculer la capacité d'autofinancement 126
  Déterminer la variation du besoin en fonds de roulement 127
  Reporter les remboursements d'emprunt 127
Calculer le seuil de rentabilité 128
  Distinguer les charges fixes des charges variables 128
  Calculer le taux de marge sur coûts variables 130
  Calculer le seuil de rentabilité 130
  Calculer le seuil de rentabilité en nombre de couverts 131
  Quiz 132

Chapitre 5
Maximiser votre chiffre d'affaires et votre rentabilité 135
Comment procéder ? 135
  Faire connaître votre restaurant 135
  Fidéliser la clientèle 142
  Augmenter la fréquentation 144
  Maximiser le ticket moyen 147
  Optimiser la gestion de la carte 148

Maîtriser le coût matières 153
   Calculer le ratio matières 154
   Gérer les approvisionnements 155
   Gérer l'utilisation des matières 157
Optimiser la gestion du personnel 157
   Prévoir les effectifs 158
   Améliorer la productivité du travail 159
Contrôler la rentabilité avec le tableau de bord 161
   Pourquoi réaliser un tableau de bord mensuel ? 161
   Comment construire un tableau de bord ? 162
   Suivre l'évolution de votre chiffre d'affaires 164
   Suivre les ratios du tableau de bord 165
   Quiz 166

Webographie 169
Études marketing et économiques spécialisées en restauration 169
Concepts et franchises 169
Création d'entreprise 170
Aides financières 170
Presse spécialisée 171
Syndicats professionnels 171
Organismes de formation dans le secteur de l'hôtellerie-
restauration 172
Réglementation 172
Protection sociale et droit du travail 173
Salons professionnels 174

Les réponses aux quiz 175

Index 187

Introduction

Devenir restaurateur, c'est faire le pari de la création d'entreprise, avec tous les espoirs et toutes les promesses que ce type d'aventure engendre ! Être un cuisinier hors pair ou un as de la relation client n'est pas suffisant pour réussir. En plus de votre cœur de métier, vous devrez avoir des compétences très diverses : être capable de recruter, compter, acheter, décorer, négocier, etc. Et des connaissances dans les différents domaines que sont la législation, la gestion, le marketing, le commercial, etc. L'objectif de ce livre est de vous aider dans l'acquisition de ces connaissances, afin que vous, futur restaurateur, maximisiez vos chances d'ouvrir un restaurant qui attire des clients, gagne de l'argent et respecte les différentes réglementations.

Ce livre est découpé en cinq chapitres. Le premier d'entre eux vous aide à définir votre projet de restaurant, en présentant les caractéristiques du marché de la restauration, en vous guidant dans vos choix de concept, d'emplacement et d'élaboration de la carte. Parce que la profession de restaurateur est très encadrée, le deuxième chapitre recense les différentes réglementations qu'il vous faudra respecter. L'exploitation d'un restaurant, comme toute activité professionnelle, doit s'exercer dans un cadre juridique et fiscal : le troisième chapitre vous explique les différentes formes juridiques possibles, ainsi que les régimes fiscaux qui en découlent. Il est ensuite indispensable de faire des prévisions financières afin de vous assurer de la viabilité et de la pérennité de votre projet : les différentes projections financières font l'objet du quatrième chapitre. Enfin, dans le cinquième chapitre, vous découvrirez les différentes techniques à adopter pour maximiser le chiffre d'affaires et la rentabilité de votre restaurant.

Au cours de votre lecture, vous rencontrerez différents encadrés. Certains de ceux-ci contiennent des témoignages de restaurateurs, qui illustrent les propos développés. Les encadrés « À savoir » donnent des informations supplémentaires importantes sur un point particulier. Enfin, ceux qui s'intitulent « En pratique » apportent une illustration concrète, un exemple précis sur la notion abordée.

1

Définir votre projet de restaurant

Connaître le marché de la restauration

Quels sont les différents types de restaurants qui composent le marché français ? Quelles sont les attentes des clients d'aujourd'hui en termes de restauration ? Connaître le marché de la restauration et ses évolutions récentes est indispensable à celui qui souhaite s'y implanter. En effet, ce dernier évolue en permanence. C'est un secteur très dynamique en termes de création d'entreprises, d'apparition de nouveaux concepts, etc.

À savoir

On compte dix mille créations ou reprises de restaurants chaque année en France.

La restauration commerciale (par opposition à la restauration collective qui regroupe les restaurants d'entreprise et autres cantines réservées à une collectivité) se compose d'établissements extrêmement divers, puisque l'on y trouve le fast-food comme le chef étoilé, le restaurant indépendant au même titre que la chaîne.

Restauration traditionnelle et restauration rapide

Le client mange sur place et bénéficie d'un service à table : les restaurants qui proposent cette prestation appartiennent à la **restauration traditionnelle**.

Le client achète au comptoir des aliments présentés dans des conditionnements jetables, les consomme sur place ou les emporte : voilà ce qui caractérise la **restauration rapide**. Le fast-food est emblématique de cette catégorie, mais celle-ci inclut également les sandwicheries, les boulangeries, les kebabs, etc. En France, il se vend un hamburger pour huit sandwichs et seize pizzas.

Le « *boom* » de la restauration rapide

Au 1er janvier 2009, on comptait en France cent six mille trois cents restaurants traditionnels pour trente-quatre mille cinq cents établissements de restauration rapide. Cependant, ces derniers croissent fortement : dans la restauration commerciale, si un établissement sur six faisait partie de la restauration rapide en 1993, cette proportion a atteint un établissement sur trois en 2009.

Comment expliquer ce phénomène ? Par l'évolution des modes de vie : de moins en moins de personnes retournent déjeuner à leur domicile en semaine. Les salariés consacrent moins d'une demi-heure à leur déjeuner, alors qu'ils y passaient plus d'une heure et demie en 1975. Ils utilisent de plus en plus leur pause déjeuner pour faire d'autres activités : les courses, du sport… Le prix est également un critère sur lequel ils deviennent de plus en plus sensibles. La crise économique qui perdure depuis 2008 a accentué ce phénomène. La restauration rapide est en phase avec les attentes de cette clientèle : le désir de déjeuner rapidement associé à une addition bon marché.

La restauration traditionnelle est-elle condamnée à disparaître ?

Le nombre de restaurants traditionnels, qui avait très fortement augmenté dans les années 1980, continue de croître, à un rythme cependant beaucoup plus lent que celui de la restauration rapide. En effet, la sortie au restaurant, notamment le week-end, reste un loisir très prisé des Français. La dimension plaisir devient alors primordiale. Les clients sont à la recherche d'une ambiance conviviale et d'un cadre agréable. Ils veulent bénéficier d'un service attentionné et goûter à une cuisine plus élaborée, plus généreuse et plus authentique que dans la restauration rapide. Ces attentes nouvelles encouragent le développement de la restauration à thème. Un établissement de ce type élabore sa carte et construit le cadre ainsi que le décor autour d'un thème spécifique : la viande, la pomme de terre, les spécialités régionales, etc.

Cette recherche de plaisir de la part de la clientèle favorise aussi l'apparition de concepts nouveaux : on propose au client de vivre une expérience. Par exemple, les restaurants *Dans le noir* promettent aux clients de vivre une expérience originale : « *Une expérience sensorielle qui réveille nos sens et nous permet de complètement réévaluer notre perception du goût et de l'olfaction. Une expérience sociale où le noir désinhibe et déclenche une convivialité libre de tout a priori. Une expérience humaine où le non-voyant devient nos yeux et notre guide d'un moment dans un monde intrigant et sensuel.* »

Les restaurants gastronomiques tirent également leur épingle du jeu. On constate un intérêt accru des Français pour la gastronomie et la cuisine, avec la multiplication des émissions culinaires et la médiatisation des chefs étoilés.

Témoignage

PHILIPPE HARDY, CHEF ÉTOILÉ DU MASCARET,
À BLAINVILLE-SUR-MER (MANCHE)

Revenu dans sa Manche natale après un parcours dans les cuisines des palaces, tant en France qu'à l'étranger, Philippe Hardy est passionné et créatif. Revisitant de manière ludique les classiques, en mariant les produits locaux à d'autres parfums et à des techniques nouvelles, il appartient à la nouvelle génération de cuisiniers désireux de promouvoir une cuisine contemporaine et innovante : « *Une étoile au Michelin, c'est une reconnaissance. Mais c'est surtout une exigence accrue de la part de la clientèle. Ma clientèle – locale, mais surtout internationale – veut goûter à la culture française au travers de la gastronomie. Dans la cuisine que je propose, la quasi-totalité des produits est transformée sur place, ce qui est très rare aujourd'hui. C'est une cuisine du terroir : 97 % des produits utilisés sont achetés dans un rayon ne dépassant pas quatre-vingts kilomètres. Cela garantit une fraîcheur totale, une qualité maximale. Ce qui m'anime, ce n'est pas seulement de régaler les papilles des clients, mais aussi de donner de l'émotion. Par ailleurs, si nous ne voulons pas que la gastronomie française disparaisse, nous ne devons pas la réserver à un public d'initiés. En proposant des soirées spéciales à petits prix, nous attirons des personnes qui ne sont pas habituées aux restaurants étoilés. Je travaille alors en salle avec mes cuisiniers, pour communiquer et échanger. Être cuisinier ne s'improvise pas, une solide formation et une expérience conséquente sont indispensables pour se lancer dans cette gamme de restauration. Le service est un élément clé de la réussite. Mais il faut être conscient que si un bon cuisinier peut être un bon serveur, le contraire n'est jamais vrai. Pour se lancer dans l'aventure, il faut être non seulement un expert dans son cœur de métier, la cuisine, mais aussi multicompétent, puisque plus de quarante corps de métiers différents sont représentés par le métier de restaurateur ! Il faut être tout à la fois commercial, gestionnaire, responsable des ressources humaines, conducteur de travaux, décorateur, etc.* »

Une majorité d'indépendants,
mais un développement des chaînes

Les restaurants indépendants représentaient en 2009 les trois quarts des établissements de restauration commerciale. Mais les chaînes connaissent une croissance forte, puisque les chaînes de restauration à thème ont vu leur chiffre d'affaires augmenter une fois et demie à deux fois plus que les indépendants en 2010. Ceci s'explique par des campagnes publicitaires importantes, de nombreuses offres promotionnelles, la possibilité de pratiquer des prix attractifs : leur taille leur permet de bénéficier d'économies d'échelle (cela coûte moins cher de se fournir en grande quantité).

Choisir votre positionnement et votre concept de restauration

Opter pour un positionnement clair

Choisir un positionnement clair constitue un facteur clé de réussite. Vous devez positionner votre offre en fonction des attentes de la clientèle que nous avons mises en évidence : soit répondre à la demande utilitaire du déjeuner, avec un ticket moyen modéré, soit répondre à la recherche de plaisir et de festivité du client.

On note un maximum de satisfaction aux deux extrémités de la gamme des prix : la restauration haut de gamme et la restauration rapide. La fourchette de prix entre 17 euros et 27 euros est celle pour laquelle le client exprime le plus son insatisfaction et se demande si la prestation justifie le prix payé.

Choisir son positionnement, c'est choisir la clientèle que vous allez cibler. Vous ne pouvez pas espérer répondre aux attentes de tous les clients : clientèle à la recherche de

> **En pratique**
>
> ### Un exemple de franchise : Les Fils à maman
>
> - Le concept de restauration : c'est l'histoire de quatre amis d'enfance nostalgiques de la bonne cuisine de « quand ils étaient petits », la cuisine de « LEUR » maman, simple et savoureuse, la cuisine avec des recettes « comme à la maison ».
> - Les conditions pour ouvrir une franchise Les Fils à maman :
>
> Droit d'entrée : 50 000 €
>
> Apport personnel : 100 000 €
>
> Redevance : 7 %
>
> Investissement global : 250 000 € (hors travaux de mise aux normes)
>
> Chiffre d'affaires réalisable après deux ans : 650 000 € HT
>
> Surface moyenne : 130 à 150 m²

gastronomie le week-end et clientèle de bureau la semaine, les touristes durant les vacances, les familles… Votre positionnement risque d'être très flou et la clientèle ne sera pas au rendez-vous.

Imaginer votre concept de restauration

Votre concept de restauration, c'est l'offre que vous allez proposer à la clientèle que vous ciblez : cadre, ambiance, type de cuisine, carte et service doivent être conçus dans cet objectif. Le cadre est imaginé pour mettre en valeur la carte et créer une ambiance chaleureuse : les matériaux utilisés, le mobilier, les couleurs, l'éclairage, la musique, ou encore la tenue vestimentaire des serveurs sont des éléments clés pour séduire la clientèle.

Un autre élément clé de votre concept est le nom de votre restaurant. Le choix ne doit pas être fait à la légère, car le nom commercial est votre premier outil de communication et fera partie de l'identité de votre restaurant ; il sera donc difficile à changer. Une caractéristique fondamentale : il doit être facilement mémorisable, soit parce qu'il est simple à prononcer, soit parce qu'il est particulièrement original ou très évocateur… Une précaution à prendre dans le choix du nom : vérifiez qu'il passe bien auprès de la clientèle étrangère. Vous éviterez aussi de choisir un nom identique à celui d'un concurrent ou d'une enseigne connue, ni même trop proche afin de ne pas induire de confusion. Vous pouvez vérifier que le nom choisi n'est pas déposé en tant que marque auprès de l'Institut national de la propriété industrielle (www.inpi.fr).

Cela dit, que vous ayez trouvé un concept totalement original ou que vous repreniez un thème qui a fait ses preuves, soyez conscient que :

- Une idée originale ne le reste pas toujours, il faut savoir évoluer et se renouveler en permanence, car les consommateurs sont de plus en plus « zappeurs », de moins en moins fidèles.

- Les consommateurs aspirent de plus en plus à l'authenticité et la qualité, suite aux différentes crises alimentaires (vache folle, listériose, viande aux hormones, etc.).

- Malgré la crise économique, ils sont de plus en plus demandeurs de produits bio et orientent de plus en plus leur choix en fonction de critères éthiques et environnementaux.

- Ils sont de plus en plus préoccupés par leur santé et leur bien-être et apprécient les restaurants proposant des produits légers, diététiques et sains.

Témoignage

INGRID ET VIRGINIE, AUX COMMANDES
DE LA BOÎTE AUX SAVEURS, À PARIS (XIᵉ)

Ingrid Fournier et Virginie Fournier se sont associées pour ouvrir, il y a trois ans, la Boîte aux saveurs, un restaurant dédié à la pause déjeuner, dans lequel elles cuisinent, chaque matin, des produits frais et de saison : « *L'idée a démarré avec la réalisation d'un banquet de mariage qui a connu un grand succès. Il s'agit d'une reconversion pour toutes les deux, car la cuisine et la restauration ne sont pas nos professions initiales. Après l'idée, il s'est passé plusieurs années pour préparer et mettre au point notre projet : tout d'abord nous nous sommes formées, en cuisine, en pâtisserie et en gestion. Puis, nous avons mis au point notre concept : ouvrir un restaurant uniquement en semaine et à l'heure du déjeuner, et proposer à une clientèle de bureau de déjeuner rapidement tout en faisant un vrai repas composé d'un plat principal et d'un dessert, avec des produits frais, sains et qui suivent le rythme des saisons. Nous avons ciblé cette niche entre la restauration rapide et la restauration traditionnelle. Notre carte est composée d'une pasta du jour, d'un plat du jour avec viande ou poisson, accompagné d'une poêlée de légumes frais et de deux céréales au choix, de différentes salades composées et de desserts. Tout est frais et préparé sur place. Notre clientèle se partage entre le repas sur place, dans de vraies assiettes, avec vingt places assises, et le repas à emporter, avec des emballages soignés et de couleur, dans le souci de se démarquer de la restauration rapide. Nous avons consacré deux années à la recherche de l'emplacement de nos rêves dans Paris, qui serait au cœur d'un quartier de bureau et compatible avec notre budget. Nous avons visité de nombreux fonds de commerce avant d'arrêter notre choix sur celui-ci. Au préalable, nous avons fait une étude détaillée de la clientèle potentielle : nous avons effectué un comptage du nombre de personnes passant à l'heure du déjeuner devant l'emplacement. Nous avons recensé le nombre d'entreprises implantées à moins de cinquante mètres, à moins de cent mètres, etc. Nous avons identifié les TPE et les PME qui n'avaient pas de cantine, puis listé les concurrents présents dans le quartier : il n'y avait pas d'équivalent à notre concept dans cette zone. Après trois années d'activité, nous sommes satisfaites de la clientèle que nous avons acquise ; un tiers de nos clients viennent manger tous les jours chez nous. La difficulté est d'avoir une bonne maîtrise des flux de clients afin d'éviter l'attente. Nous avons dû embaucher un salarié quelques heures le midi, notamment pour le réassort des salades. À l'ouverture, notre principale action de communication a consisté à faire des visites dans les entreprises avec un flyer présentant notre restaurant et quelques exemples de plats et de prix. Ces visites rapides, pas plus d'une minute, ont reçu un bon accueil et généré un retour immédiat. Nous avons renouvelé cette action de temps en temps mais, depuis deux ans, ce n'est pas nécessaire car la clientèle est en nombre suffisant. »*

En pratique

Quelques exemples de concepts…

Pegast repose sur l'idée de gastronomie nomade : faire manger des plats traditionnels à des gens pressés. Ce restaurant propose donc des recettes traditionnelles dans un sandwich, telles que le pot-au-feu ou le cassoulet.

Les Domaines Qui Montent proposent à ses clients, dans un même lieu, une boutique avec des vins de producteurs et des produits du terroir, et un espace de restauration traditionnelle de type table d'hôtes.

La Pataterie décline un mono-produit, la pomme de terre, sous toutes ses formes (cuite au four, en salade, gratinée, etc.) et intègre des spécialités de différents pays et régions à base de pomme de terre. Le cadre est de type « grange campagnarde », avec du bois naturel et des outils agricoles traditionnels.

Ouvrir un restaurant indépendant ou en franchise

Vous tenez votre concept original et optez donc pour la création d'un restaurant indépendant. Vous pouvez aussi vous tourner vers la franchise : vous achetez alors un concept

« clé en main ». Quels sont les avantages et les inconvénients de la franchise par rapport à la création indépendante ?

La franchise, c'est quoi ?

La franchise est un contrat par lequel une entreprise, appelée franchiseur, accorde le droit à une autre entreprise, le franchisé, de commercialiser des types de produits et/ou de services, en échange d'une contrepartie financière.

Cet accord de franchise comprend :

- l'utilisation d'un nom ou d'une enseigne ;
- une présentation standardisée du point de vente ;
- l'approvisionnement des produits ;
- une formation et une assistance commerciale.

Le secteur de la restauration comprend de très nombreuses enseignes en franchise. Certaines ont déjà une notoriété bien installée : tout le monde connaît Pizza Hut, McDonald's, Buffalo Grill, etc. D'autres sont plus récentes et de nouveaux concepts apparaissent chaque année : le secteur est très dynamique.

Quels sont les avantages à choisir la franchise ?

Différentes raisons peuvent vous faire opter pour ce système :

- La création d'une entreprise en franchise est moins risquée qu'une création indépendante : 90 % des franchisés sont encore en activité au bout de cinq ans, alors que le taux de survie pour l'ensemble des entreprises est de 53 %.
- Vous bénéficiez de la notoriété de la marque dès l'ouverture de votre restaurant. Et les moyens de communication que le franchiseur met en place au niveau national ont un impact local sur votre restaurant.

- Vous bénéficiez du savoir-faire et de l'expérience du franchiseur, qui va vous assister dans toutes les étapes de la création.

- Pour les approvisionnements, vous profitez de prix compétitifs grâce à la puissance du réseau et d'une logistique optimisée.

- Le franchiseur cherche à faire évoluer le concept en permanence, afin de rester toujours en phase avec le marché et d'assurer ainsi la pérennité de son réseau de franchisés ; c'est donc une garantie de longévité pour vous.

La contrepartie : des contraintes en tant que franchisé

L'investissement requis au départ est en général plus important que celui nécessaire en tant qu'entrepreneur indépendant. Le franchiseur demande un droit d'entrée, qui sera plus ou moins important selon la notoriété de l'enseigne.

Vous devez reverser au franchiseur une partie de votre chiffre d'affaires sous la forme d'une redevance, généralement mensuelle et proportionnelle au chiffre d'affaires.

Si l'une de vos motivations dans votre projet de création d'entreprise est la liberté de décision, le système de la franchise n'est pas pour vous : votre marge de manœuvre est très réduite puisque vous devez aménager votre point de vente conformément aux standards du franchiseur, et n'avez pas le choix de la carte ni des produits proposés à la clientèle. Par exemple, vous ne pouvez pas décider de vendre en complément d'autres produits que ceux du franchiseur.

Si, conscient de ces contraintes, vous choisissez le système de la franchise, soyez très attentif au choix de l'enseigne, car tous les franchiseurs ne se valent pas. Certains mettent tout en œuvre pour développer un réseau pérenne et prospère, alors que d'autres cherchent à attirer le plus de franchisés possible pour maximiser leurs profits à court terme.

Attention donc à ceux qui ne sont pas du tout sélectifs et acceptent n'importe quel candidat, à ceux qui promettent des profits rapides et confortables immédiatement, etc.

Choisir votre emplacement

Si vous demandez à un restaurateur les trois critères clés pour réussir, il vous répondra souvent : l'emplacement, l'emplacement et l'emplacement !

Un choix stratégique

Le choix de l'emplacement doit être en phase avec votre concept. Un emplacement bien situé est celui qui est en adéquation avec la clientèle que vous ciblez. Vous êtes à proximité d'une gare ou d'un lycée ? Un concept de restauration rapide et bon marché a plus de chance de réussite qu'un restaurant gastronomique. Un restaurant gastronomique peut s'adapter, lui, à des environnements très différents : cela peut être un lieu touristique ou historique, ou au contraire un village comme le Mascaret à Blainville-sur-Mer, ou encore un lieu isolé.

Le choix de l'emplacement va être le résultat d'un compromis entre :

- Une grande visibilité : un restaurant placé dans la principale rue commerçante du centre-ville bénéficie d'une très bonne notoriété du seul fait de son emplacement. Le passage y est très important.

- Le coût : un emplacement en centre-ville ou dans un centre commercial coûte cher, le prix augmentant avec la qualité de l'emplacement.

Choisir un quartier où de nombreux concurrents sont déjà implantés peut être une stratégie gagnante. Cette proximité est profitable à tous les restaurants car elle dynamise la demande : les clients viennent dans le « quartier des restaurants ».

À ce stade, une étude approfondie de l'environnement de votre local est indispensable. Elle consiste à étudier la clientèle de proximité et de passage, à répertorier les différents pôles d'attraction existant à proximité de votre emplacement (écoles, universités, administrations, lieux de spectacle, pôles touristiques, etc.). Vous recenserez tous les concurrents installés dans votre environnement immédiat. Vous devrez repérer leurs atouts par rapport à vous ainsi que leurs faiblesses, et identifier comment vous allez vous différencier d'eux.

Pour vous aider à estimer la surface de local nécessaire en fonction de votre projet, sachez aussi qu'il faut prévoir deux à trois mètres carrés par place. Cette fourchette inclut la cuisine, la salle et toutes les autres surfaces annexes (toilettes, vestiaire, réserves).

Comment disposer d'un local ?

Pour exercer votre activité, vous devez trouver un local. Quelles sont les différentes solutions qui s'offrent à vous ?

* Acheter un local : vous devenez alors propriétaire des murs. Vous n'avez donc pas de loyer à payer, mais c'est une solution onéreuse, car l'achat de murs est un investissement important.

* Reprendre un restaurant existant : vous achetez un **fonds de commerce** (voir les explications ci-après).

* Louer un local vide, aménagé ou non : vous signez un contrat de **bail commercial** (voir les explications ci-après) avec le propriétaire des murs. Celui-ci peut vous demander de lui verser un droit d'entrée : c'est ce que l'on appelle le **pas-de-porte**. Plus le montant du pas-de-porte est élevé, moins le montant du loyer doit l'être.

- Louer un local dans lequel un locataire est déjà présent et souhaite céder sa place : le locataire sortant va vous demander une somme d'argent pour vous céder son bail, appelée « **droit au bail** ». Celui-ci se justifie en général par le fait que le montant du loyer est peu élevé. Ce locataire exerçant une activité commerciale différente d'un restaurant, voire aucune activité, il vous faudra donc aménager les lieux et les adapter à cette nouvelle activité. Lisez attentivement le contrat de bail commercial, qui est souvent précis sur l'activité qu'il est possible d'exercer au sein des locaux loués. Il serait regrettable que vous payiez un droit au bail interdisant d'exploiter une activité de restauration.

Qu'est-ce qu'un bail commercial ?

Un bail commercial est un contrat de location conclu entre le propriétaire des murs commerciaux, appelé bailleur, et un locataire souhaitant exercer une activité commerciale. Le bailleur met le local à disposition du locataire en contre-partie du paiement de loyers. Quelles différences avec un contrat d'habitation ?

Le bail commercial est beaucoup plus protecteur car il garantit au locataire un plafonnement du loyer et le droit de rester dans les lieux aussi longtemps qu'il le souhaite. Comme l'emplacement est un élément fondamental de l'activité du commerçant, le droit d'y rester est primordial. Pendant la durée du bail, le locataire ne peut pratiquement pas être évincé, sauf cas exceptionnels et à condition d'être indemnisé par le propriétaire. Un cas d'éviction est le non-paiement des loyers.

Un bail commercial est signé pour une durée minimale de neuf ans (un bail à durée indéterminée n'est pas possible) et le locataire a droit à ce qu'il soit renouvelé à l'issue de cette période. En principe, le renouvellement du bail se fait aux mêmes clauses et conditions que celles du bail expiré. Le locataire peut résilier le bail au terme de chaque période de trois ans en avertissant le bailleur six mois à l'avance. Il peut aussi le résilier s'il part en retraite ou en cas d'invalidité.

À la signature du contrat, le montant du loyer est librement fixé par les parties. Ensuite, le loyer peut être réévalué au terme de chaque période de trois ans, ainsi qu'au moment où le bail arrive à renouvellement. Cette réévaluation se fait dans le respect d'un plafond légal qui interdit les augmentations excessives : les loyers des baux commerciaux sont indexés sur l'indice INSEE du coût de la construction. Comme cet indice avait fortement progressé entre 2000 et 2006, un nouvel indice a été créé en 2007 : il s'agit de l'indice des loyers commerciaux. Le bailleur et le locataire choisissent l'un ou l'autre de ces deux indices.

Le propriétaire peut demander au locataire une augmentation plus importante s'il apporte la preuve que la valeur locative des locaux a progressé de plus de 10 % du fait du changement des facteurs locaux de commercialité (rue devenue piétonne qui attire plus de clients, création de moyens de transport facilitant l'accès, etc.).

De nombreuses clauses du bail commercial sont négociables. Il est donc utile de faire appel à un avocat pour vous conseiller, ce contrat vous engageant pour longtemps.

Qu'est-ce qu'un fonds de commerce ?

Acheter un fonds de commerce, c'est acquérir un restaurant en activité : 70 % des nouveaux restaurateurs le font pour s'installer. Cela s'explique par plusieurs raisons : il existe beaucoup d'offres de fonds de commerce à reprendre ; trouver un local bien placé est de plus en plus difficile ; enfin il faut savoir que les banquiers financent plus facilement une reprise qu'une création pure.

Un fonds de commerce désigne l'ensemble des éléments qui sont affectés à l'exploitation d'une activité commerciale ou industrielle. Devenir propriétaire d'un fonds de commerce ne vous rend pas propriétaire des locaux. Un restaurateur qui vend un fonds de commerce peut parfois être aussi propriétaire des murs (le local) et proposer les deux à la vente, mais dans ce cas, son annonce sera explicite, comme le montre l'exemple suivant.

En pratique

Exemple de petite annonce

SUD DRÔME RESTAURANT : Bel établissement, lieu de passage fréquenté, parking privé. Actuellement, clientèle du midi qui représente 80 % du chiffre d'affaires. Clientèle affaires, commerciaux, entreprises de bâtiment, touristes. Cuisine simple, avec menus accessibles pour un prix moyen de 18 €. Vastes cuisines particulièrement bien entretenues et équipées. 50 places à l'intérieur, 50 en terrasse. Pas de travaux à réaliser, maison d'habitation cédée avec murs commerciaux pour un montant très attractif, puisque le fonds de commerce, les murs commerciaux et la maison d'habitation sont cédés pour un total de 525 500 €.

Concrètement, de quoi devient-on propriétaire quand on achète un fonds de commerce ?

Vous devenez propriétaire de tous les éléments qui permettent d'exploiter le restaurant.

Ce sont d'abord des éléments dits corporels, car ils ont une existence matérielle. On désigne par « éléments corporels » tous les aménagements, les installations, tout le matériel et le mobilier du restaurant. Plus globalement, ce sont tous les équipements dont la durée de vie est supérieure à un an. Il faut savoir que les stocks ne font pas partie du fonds de commerce. Le propriétaire du fonds peut vous céder les stocks existant au moment de la vente, mais ceux-ci seront évalués séparément.

Mais ce qui fait la valeur d'un fonds de commerce, ce sont tous les éléments incorporels de l'activité. Un des éléments clés est le droit au bail. Lorsqu'un commerçant vend son fonds de commerce, il cède le droit au bail qui fait partie intégrante du fonds. Le propriétaire du local ne peut pas s'opposer ni intervenir dans la vente du fonds de commerce. Il n'a à donner son autorisation que dans le cas où le droit au bail est cédé indépendamment du fonds de commerce.

L'élément principal du fonds de commerce reste la clientèle, celle qui fréquente le fonds de commerce et sans laquelle celui-ci n'existerait pas. Plus un restaurant a une clientèle importante, plus le fonds de commerce a de la valeur.

Les autres éléments incorporels qui font partie du fonds de commerce sont essentiellement le nom commercial, l'enseigne et la licence.

À savoir

Quand vous achetez un fonds de commerce, vous achetez les biens, pas les dettes, qui restent à la charge du vendeur.

Comment évaluer la valeur d'un fonds de commerce ? Généralement, en fonction du chiffre d'affaires réalisé. Il existe, à titre indicatif, des barèmes d'évaluation, établis par observation des affaires cédées dans le même secteur d'activité et la même zone géographique. Le plus utilisé est le barème fiscal Francis Lefèbvre, qui donne cependant une fourchette de chiffre d'affaires assez large. Concrètement, les évaluations se situent dans une fourchette de 60 % à 100 % du chiffre d'affaires HT. Mais ce dernier ne doit pas être le seul critère d'évaluation ; il faut tenir compte des bénéfices réalisés, car la valeur d'un fonds de commerce dépend de son aptitude à générer du profit. Le site de l'hebdomadaire professionnel *L'Hôtellerie Restauration* publie régulièrement des indicateurs et prix du marché des ventes de fonds de commerce. Ces indicateurs doivent être affinés en tenant compte des caractéristiques propres au fonds de commerce évalué (emplacement, conditions du bail, état des locaux, etc.).

Élaborer votre carte de restaurant

La carte que vous allez proposer à vos clients s'avère un élément clé de votre concept. Elle doit donc être imaginée et conçue avec un soin particulier.

L'assortiment proposé

Une carte avec un nombre de plats réduit et qui se renouvelle peu est évidemment plus facile à gérer que celle qui a un assortiment très large et que l'on change tous les jours : l'achat des matières est plus simple, car il est limité aux mêmes produits, le personnel en cuisine est bien rodé à la fabrication des plats et le personnel de salle connaît parfaitement l'offre. Les clients sont donc servis plus rapidement, ce qui est source de satisfaction, donc de fidélisation.

Néanmoins, une carte stable est adaptée à une clientèle qui se renouvelle : si vous êtes implanté dans un lieu touristique, par exemple, votre clientèle va changer tous les jours, vous pouvez donc élaborer une carte fixe.

A contrario, si votre clientèle est fixe, composée de clients réguliers, il va falloir élaborer une carte variable, avec des plats qui se renouvellent souvent, voire tous les jours. Les propositions ou plats du jour permettent de composer avec les produits de saison et de profiter des matières premières en promotion chez les fournisseurs. Ils sont donc sources de profit. En bref, votre carte aura une ossature de plats stables, car les clients choisissent souvent un restaurant en fonction d'un plat qu'ils savent pouvoir y trouver, et un assortiment de plats variables, les consommateurs aimant aussi la nouveauté et l'effet de surprise.

Comment composer votre carte ?

L'ensemble des plats proposés à la carte constitue votre assortiment. Vous allez organiser ce dernier en plusieurs gammes de produits. Dans un restaurant traditionnel, on trouve en général au minimum les gammes suivantes : entrées, plats principaux, vins et desserts. Cependant, une carte peut comporter davantage de gammes : hors-d'œuvre, entrées froides, entrées chaudes, poissons, viandes, propositions du jour, fromages, glaces. S'il s'agit d'un restaurant à thème, la carte va comporter des gammes thématiques : les pizzas, les pâtes, les galettes, les grillades, les fruits de mer, etc.

Une fois que vous avez choisi vos gammes de produits, vous allez déterminer les plats et leur nombre dans chaque gamme. Un assortiment trop important perturbe le client et lui fait douter de la qualité et de la fraîcheur de vos plats. Le client ne recherche pas la quantité, mais la variété et la qualité. Un total de vingt à trente propositions semble donc actuellement un maximum à ne pas dépasser.

Une gamme à établir avec attention et créativité est celle des desserts. Touche finale du repas, le dessert engrange une marge importante. Des études ont montré qu'il s'agit du plat dont le client se rappelle le plus. C'est donc un élément clé de fidélisation.

Comment fixer les prix de vente ?

En restauration, vous avez la liberté de fixer les prix de votre choix. Cette opération se révèle complexe, car vous devez tenir compte de différents paramètres :

- Les prix pratiqués par vos concurrents.

- Votre positionnement.

- Le prix psychologique, c'est-à-dire le prix que votre clientèle cible est prête à payer, qui est un prix d'équilibre entre un prix excessif pour lequel le client ne consommera pas et un prix trop faible pour lequel le client estimera que le produit est de mauvaise qualité. Le prix psychologique se détermine par enquête auprès de la clientèle.

- Le coût de revient du plat, puisqu'il faut que le prix proposé couvre les frais nécessaires à sa confection (matières premières, main-d'œuvre, etc.) et permette de dégager une marge.

- L'équilibre de la carte, car il faut éviter des écarts trop importants de prix à l'intérieur d'une gamme.

Fixer les prix à partir du coût matières

Vous ne pouvez pas établir vos prix de vente sans bien connaître vos coûts, et particulièrement celui des ingrédients entrant dans la composition de chacun de vos plats, appelé « coût matières ». La détermination du prix de vente va se faire en trois étapes :

- réalisation de la fiche technique pour connaître le coût matières ;

- calcul du prix de vente hors taxes en appliquant un coefficient multiplicateur ;

- calcul du prix de vente final en incluant la TVA.

Étape 1 : réaliser la fiche technique du plat

La seule façon de connaître précisément le coût matières d'un plat est de réaliser une fiche technique pour ce plat :

Fiche technique : Tagliatelles aux deux saumons				
Quantité : 8 couverts				
Denrées	Unité	Quantité	Prix unitaire hors taxes	Prix total hors taxes
Pâte à nouilles				
Farine type 45	kg	0,400	0,59 €	0,236
Sel fin	kg	0,008	0,30 €	0,002
Œuf entier	pièce	4	0,12 €	0,480
Huile	L	0,020	2,68 €	0,054
Farine pour fleurer le four				
Farine type 45	kg	0,050	0,59 €	0,030
Garniture				
Huile d'olive	L	0,020	6,54 €	0,131
Ail (4 gousses)	kg	0,010	4,80 €	0,048
Saumon frais	kg	0,500	9,20 €	4,600
Saumon fumé	kg	0,300	18,00 €	5,400
Crème liquide	L	0,200	2,80 €	0,560
Beurre	kg	0,040	4,21 €	0,168
Coût matières				11,709
Assaisonnement 2 %				0,234
Coût matières total				11,943
Coût matières pour 1 couvert				1,49
Coefficient multiplicateur				5
Prix de vente hors taxes				7,45

Une fiche technique contient la liste de tous les ingrédients nécessaires à la réalisation de la recette, avec les quantités nécessaires et le prix d'achat de chaque ingrédient. En multipliant la quantité par le prix d'achat, on obtient le coût matières pour l'ingrédient. En additionnant le coût matières de chaque ingrédient, on obtient le coût matières total de la recette. Une recette étant souvent réalisée pour plusieurs portions, il vous reste à diviser ce coût matières total par le nombre de portions pour obtenir le coût matières du plat.

Outre le calcul du coût matières, la fiche technique est un outil indispensable pour guider l'équipe de cuisine en cas d'hésitation sur la recette, sur les ingrédients et les quantités à respecter. Elle permet ainsi de standardiser le plat et d'assurer une qualité constante. Elle est également un outil de contrôle sur les prix d'achat, car elle permet de vérifier qu'il n'y a pas de fluctuation trop importante.

Étape 2 : calculer le prix de vente hors taxes en appliquant un coefficient multiplicateur

La fiche technique va permettre de calculer un prix de vente, selon la méthode des coefficients multiplicateurs. Le coefficient multiplicateur est un nombre choisi par vous, en fonction de la marge souhaitée sur le plat. Il est généralement compris entre 2,5 et 5, et utilisé de la manière suivante :

$$\text{Coût matières du plat} \times \text{Coefficient multiplicateur} = \text{Prix de vente hors taxes.}$$

La solution la plus simple serait d'appliquer le même coefficient multiplicateur à tous vos plats, mais cela risque de vous conduire à une répartition des prix déséquilibrée. Le principe à retenir est que plus le coût matières est élevé, plus le coefficient doit être faible.

Étape 3 : calculer le prix de vente final en incluant la TVA

En dernier lieu, le prix de vente TTC s'établit en multipliant le prix de vente hors taxes par 1,07 (la TVA sur les ventes en restauration est de 7 %). Le prix que vous avez ainsi déterminé est à moduler en fonction des autres paramètres (concurrence, positionnement, prix psychologique, etc.).

Équilibrer les prix de la carte

Il existe des techniques pour équilibrer les prix d'une carte, établies par Jean Toulemonde, un professionnel chargé de développer une chaîne de cafétérias. On les appelle les principes d'Omnes : ce sont quatre principes simples pour équilibrer les prix à l'intérieur d'une gamme.

Un exemple de carte des desserts

Carte des desserts

Mille-feuille aux dés de pêche	8 €
Verrine rhubarbe-fraise	10 €
Rencontre chocolat-menthe	12 €
Gratin de citron aux framboises	11 €
Soufflé aux agrumes	11 €
Macarons au champagne	15 €
Charlotte aux marrons	13 €

Nous vous suggérons notre spécialité :
le soufflé aux agrumes

Principe n° 1

L'ouverture de la gamme ne doit pas être supérieure à 2,5. L'ouverture de la gamme se calcule en faisant le rapport entre le prix le plus cher et le prix le moins cher.

Dans notre exemple, l'ouverture de la gamme est égale à 1,875 (15/8), donc bien inférieure à 2,5. Ce rapport peut atteindre 3 dans le cas d'une gamme longue (avec plus de huit plats).

Principe n° 2

La dispersion des prix à l'intérieur de la gamme doit se caractériser par une majorité de plats dans la tranche médiane. En d'autres termes, le total des plats de la tranche médiane doit être au moins égal au total des plats des tranches basse et haute.

Regardons si ce principe est respecté dans notre exemple. Il faut tout d'abord déterminer les trois tranches de prix, en calculant l'intervalle entre le prix le plus haut et le prix le plus bas : $15 - 8 = 7$.

On découpe ensuite cet intervalle en trois tranches égales de prix :

Prix le plus bas	Prix le plus bas + (7/3)	10,33 + (7/3)	Prix le plus haut
8 €	10,33 €	12,66 €	15 €
Nombre de plats de la tranche basse : 2	Nombre de plats de la tranche médiane : 3	Nombre de plats de la tranche haute : 2	

Dans notre exemple, le principe de dispersion des prix n'est pas respecté, car le total des plats de la tranche médiane (3) est inférieur au total des plats des deux autres tranches (2 + 2).

La répartition des prix de la gamme est donc à revoir.

Principe n° 3

Les plats mis en avant, c'est-à-dire ceux qui font l'objet d'une promotion particulière (suggestion du chef, spécialité, proposition du jour), doivent faire partie de la tranche médiane de la gamme. Dans notre exemple, c'est le soufflé aux agrumes qui est mis en avant et qui fait bien partie de la tranche médiane.

Le menu est une technique promotionnelle parmi d'autres. Pour fixer son prix, vous calculez la moyenne des prix de chaque gamme qui le compose (par exemple, pour un menu plat-dessert, vous calculez la moyenne des prix de la gamme plats et la moyenne des prix de la gamme desserts). Vous faites la somme de ces deux prix moyens, puis vous appliquez une réduction de 5 % à 10 % pour que le menu présente un intérêt pour le client. Cette méthode de fixation du prix du menu permet de respecter le troisième principe d'Omnes.

Ajuster les prix avec le quatrième principe d'Omnes

Vos prix de vente sont fixés, mais pas figés. Il peut être nécessaire de faire des ajustements pour améliorer la satisfaction de la clientèle. Vous mesurerez assez rapidement cette satisfaction, peu de temps après l'ouverture de votre restaurant, en appliquant le quatrième principe d'Omnes, qui étudie l'indice réponse/prix.

L'indice réponse/prix vous permet de mesurer si le prix moyen proposé correspond aux attentes des clients.

Vous relevez pendant une période donnée le nombre de plats vendus pour calculer le chiffre d'affaires total réalisé :

Chiffre d'affaires de juin pour la carte des desserts			
Dessert	**Nombre de plats vendus**	**Prix unitaire**	**Chiffre d'affaires**
Mille-feuille aux dés de pêche	121	8 €	968 €
Verrine rhubarbe-fraise	110	10 €	1 100 €
Rencontre chocolat-menthe	145	12 €	1 740 €
Gratin de citron aux framboises	103	11 €	1 133 €
Soufflé aux agrumes	148	11 €	1 628 €
Macarons au champagne	62	15 €	930 €
Charlotte aux marrons	153	13 €	1 989 €
TOTAL	842	80 €	9 488 €

Le prix moyen demandé par les clients s'élève à 11,27 € (chiffre d'affaires total/nombre total de plats vendus = 9 488/842).

Le prix moyen offert par le restaurant s'élève à 11,43 € (somme des prix unitaires/nombre de plats à la carte = 80/7).

L'indice réponse/prix est le rapport entre le prix moyen demandé et le prix moyen offert, soit 0,986 (11,27/11,43).

Le principe d'Omnes est respecté si l'indice réponse/prix est compris entre 0,9 et 1, ce qui est le cas dans notre exemple. Lorsque l'indice réponse/prix est inférieur à 0,9, on estime que les prix proposés par le restaurant sont trop élevés, car les clients choisissent en majorité les plats les moins chers. C'est le contraire quand l'indice est supérieur à 1 : il peut être judicieux de relever ses prix, car les clients prennent systématiquement les plats les plus chers.

QUIZ

1. Indiquez la phrase qui correspond à l'évolution récente de la restauration :
a) La restauration traditionnelle disparaît du paysage français au profit de la restauration rapide.
b) La restauration traditionnelle continue à progresser, mais à un rythme moins élevé que la restauration rapide.
c) Restauration traditionnelle et restauration rapide progressent toutes deux à un rythme élevé.

2. Chercher à satisfaire toutes les cibles de clientèle est :
a) Le meilleur moyen pour avoir une clientèle importante.
b) Risqué, car on ne peut pas répondre aux attentes de tous.
c) Un facteur de réussite éprouvé.

3. Indiquez, parmi ces propositions, celle qui caractérise la franchise :
a) Le choix de l'aménagement du point de vente.
b) Une grande liberté d'action.
c) Un risque d'échec moins élevé qu'une création indépendante.

4. Un bail commercial est :
a) Un contrat de location d'un local commercial d'une durée minimale de neuf ans.
b) Un contrat de location d'un local commercial à durée indéterminée.
c) Un contrat de vente d'un local commercial.

5. À la recherche d'un local pour exercer votre activité, vous avez trouvé un pas-de-porte à acheter. Le pas-de-porte est :
a) Une somme d'argent demandée par le locataire précédent pour vous céder son bail.
b) Une somme d'argent pour acheter les murs au propriétaire.
c) Une somme d'argent demandée par le propriétaire du local à titre de droit d'entrée.

6. Indiquez l'élément qui ne fait pas partie du fonds de commerce :
a) Les murs.
b) La clientèle.
c) Le droit au bail.

7. Une méthode pour fixer les prix de vente de la carte consiste à :
a) Multiplier le coût matières par le taux de TVA.
b) Faire la somme du coût matières, du coût du personnel et de la TVA.
c) Multiplier le coût matières par un coefficient multiplicateur, puis ajouter la TVA.

8. L'ouverture de la gamme est le principe d'Omnes qui consiste à :
a) Vérifier que le rapport entre le prix le plus haut de la gamme des plats et le prix le plus bas ne dépasse pas 2,5.
b) Vérifier que la différence entre le prix le plus haut de la gamme des plats et le prix le plus bas ne dépasse pas 2,5.
c) Vérifier que la gamme ne comporte pas plus de cinq plats.

9. Lorsque l'on répartit les plats en trois tranches de prix, la gamme est considérée comme équilibrée si :
a) La majorité des plats se trouve dans la tranche basse.
b) La majorité des plats se situe dans la tranche du milieu.
c) Les tranches hautes et basses regroupent la majorité des plats.

10. Lorsque le rapport entre le prix moyen demandé et le prix moyen offert est supérieur à 1 :
a) Les prix proposés par le restaurant sont trop élevés par rapport aux attentes des clients.
b) Les prix sont adaptés aux attentes des clients.
c) Les clients sont prêts à payer plus cher.

2

CONNAÎTRE LA RÉGLEMENTATION DE LA PROFESSION

La profession de restaurateur est très encadrée : des règles strictes doivent être respectées, notamment en matière d'hygiène, parce que des clients vont consommer des aliments qu'il aura préparés ; en matière de sécurité aussi, parce que le restaurant est un lieu qui reçoit du public.

Dans ce chapitre, vous aurez des réponses aux questions suivantes :

* quelles sont les différentes conditions nécessaires pour ouvrir et exploiter un restaurant ?
* faut-il un diplôme spécifique ?
* quelles sont les différentes obligations demandées à un restaurateur ?

Aucun diplôme requis

L'exploitation d'un restaurant est considérée comme une activité commerciale. Le Code de commerce énonce le principe de la liberté commerciale : toute personne peut ouvrir le commerce de son choix. Aucun diplôme particulier n'est donc exigé.

Le statut de commerçant diffère en cela du statut d'artisan : il faut un diplôme pour être boulanger, boucher, charcutier, etc.

La liberté du commerce a tout de même ses limites : les mineurs et les personnes ayant subi une condamnation pénale ne peuvent pas être commerçants.

Obtention d'un permis d'exploitation

Depuis le 1er avril 2009, celui qui souhaite créer ou reprendre un restaurant doit obtenir un permis d'exploitation. Il s'agit d'un stage d'une durée de vingt heures de formation. À l'issue de cette formation, le futur restaurateur se voit remettre un permis d'exploitation valable dix ans. Passé ce délai, il devra suivre une formation de six heures pour actualiser ses connaissances, ce qui prolongera son permis pour une nouvelle période de dix ans.

Cette formation a pour but d'acquérir des connaissances sur la législation liée à l'alcool, aux stupéfiants et au tabac. Elle dispense aussi des informations sur la lutte contre le bruit. Elle permet également de responsabiliser les exploitants sur la prévention et la lutte contre l'alcoolisme, sur la protection des mineurs. Elle rappelle les principes généraux de la responsabilité civile et pénale. En effet, la loi évolue et il est important de bien la connaître pour éviter des sanctions qui peuvent être très lourdes.

Notamment : une loi du 21 juillet 2009 a modifié les règles de vente d'alcool en posant le principe de l'interdiction de vendre ou d'offrir à titre gratuit de l'alcool à des mineurs de moins de dix-huit ans (même la bière est interdite avant dix-huit ans) et a donné la possibilité d'exiger une pièce d'identité pour délivrer la boisson.

La formation au permis d'exploitation ne peut être dispensée que par des organismes ayant reçu l'agrément du ministère de l'Intérieur. Renseignez-vous auprès de la chambre de commerce et d'industrie (CCI) de votre région pour obtenir les adresses des organismes agréés.

Détention d'une licence

Depuis le 1er juin 2011, vous n'avez plus besoin de licence si vous désirez ouvrir un restaurant ne servant pas de boissons alcoolisées. Le permis d'exploitation n'est pas non plus exigé.

En revanche, à partir du moment où vous souhaitez servir des boissons alcoolisées à vos clients, vous devez être en possession d'une licence.

Les différentes sortes de licences

Les restaurants ont le choix entre détenir une licence « restaurant », avec laquelle les boissons ne peuvent être servies qu'à l'occasion des repas, ou une licence « débit de boissons », avec laquelle les boissons peuvent être servies sans autre prestation (cas du restaurant qui a une activité bar).

Il existe deux catégories de licences « restaurant » :

- la petite licence de restaurant, qui permet de servir des boissons du groupe 2 (voir tableau des groupes de boissons plus bas) ;

- la grande licence de restaurant, qui permet de servir toutes les sortes de boissons alcoolisées à l'occasion du repas.

On recense trois catégories de licences « débit de boissons » :

- la licence de 2e catégorie ou licence de boissons fermentées, permettant la vente pour consommer sur place des boissons des groupes 1 ou 2 ;

- la licence de 3e catégorie ou licence restreinte, qui permet la vente pour consommer sur place des boissons des trois premiers groupes ;

- la licence de 4ᵉ catégorie ou grande licence, qui autorise la vente pour consommer sur place les boissons des cinq groupes.

Voici les cinq groupes de boissons :

Groupe	Boissons
1	Boissons non alcoolisées : eaux minérales ou gazéifiées, lait, jus de fruits ou de légumes (moins de 1,2 degré d'alcool), sirops, sodas, limonades, chocolat, café, thé et autres infusions.
2	Bières, vins, cidres, poirés, hydromel, vins doux naturels bénéficiant du régime fiscal du vin, crèmes de cassis, jus de fruits et de légumes fermentés comportant jusqu'à trois degrés d'alcool.
3	Vins doux naturels – vins de liqueurs et apéritifs à base de vin, moins de dix-huit degrés. Liqueurs de fraises, framboises, cassis et cerises, moins de dix-huit degrés.
4	Rhums, tafias, alcool provenant de la distillation des vins, cidres et poires, sans addition d'essence. Liqueurs anisées édulcorées de sucre ou de glucose et autres liqueurs édulcorées.
5	Toutes les autres boissons qui ne sont pas interdites. *Exemple de boisson interdite : l'absinthe.*

Qui peut obtenir une licence ?

Une personne qui veut obtenir une licence « débit de boissons » doit être :

- soit de nationalité française ;

- soit ressortissante d'un État de l'Espace économique européen (Union européenne, Islande, Norvège, Liechtenstein) ;

- soit ressortissante d'un pays ayant conclu un traité de réciprocité avec la France (Algérie, Andorre, République centrafricaine, Congo Brazzaville, États-Unis, Gabon, Mali, Monaco, Sénégal, Suisse et Togo).

Pour les licences « restaurant », aucune condition de nationalité n'est requise.

Comment obtenir une licence ?

Vous devez faire une déclaration d'ouverture quinze jours avant l'ouverture de votre établissement. C'est à la mairie de la commune où se situe votre restaurant que cette déclaration doit être faite (à la préfecture de Police à Paris). Il vous sera notamment demandé de remplir un formulaire de déclaration d'ouverture et de fournir la photocopie du permis d'exploitation ou de l'attestation d'inscription à la formation. La mairie va alors vous délivrer un récépissé qui sert de licence.

Il n'existe pas de restrictions pour les licences « restaurant ». En revanche, l'attribution des licences de 2e et de 3e catégories est soumise à un quota : le total des établissements possédant une licence de 2e, 3e et 4e catégories, dans la commune considérée, ne doit pas dépasser la proportion d'un établissement pour quatre cent cinquante habitants. Il existe également des zones protégées où l'ouverture d'un débit de boissons est interdite.

Les licences de 4e catégorie, quant à elles, ne vous seront jamais accordées par la mairie. Elles ne peuvent être obtenues que par le rachat d'une licence existante.

À savoir

À Paris où le nombre total des établissements de 2e, 3e et 4e catégories dépasse la proportion d'un débit pour quatre cent cinquante habitants, il n'y a plus d'attribution de licences II, III ou IV. L'ouverture de nouveaux établissements vendant des boissons des 2e, 3e ou 4e catégories ne peut donc s'envisager que par le rachat de licences existantes, mises en vente par leur détenteur. Actuellement les licences de débits de boissons se négocient entre 3 000 euros et 15 000 euros. D'autres grandes villes ont également atteint le quota.

Respect des règles d'hygiène et de salubrité

Le restaurateur fait consommer à ses clients des aliments. Il a de ce fait une responsabilité importante, car en cas de contamination, il est présumé responsable.

La réglementation

La réglementation française et européenne encadre la profession.

Le règlement européen du 29 avril 2004, appelé « paquet hygiène », regroupe les principales dispositions applicables en restauration. Ce texte indique les règles à appliquer aux locaux de préparations alimentaires, au transport des denrées, aux équipements, aux déchets alimentaires, à l'alimentation en eau, à l'hygiène personnelle, aux ingrédients, à l'emballage, au traitement thermique et à la formation.

En droit français, l'arrêté du 21 décembre 2009 impose des règles sanitaires à toutes les activités de commerce en contact avec des produits d'origine animale, notamment en ce qui concerne les conditions d'approvisionnement, la température de conservation et de congélation des produits, la température des plats cuisinés ou livrés chauds.

Ces réglementations visent essentiellement à favoriser le respect des bonnes pratiques d'hygiène et des principes de la méthode HACCP (Hazard Analysis Critical Control Point ou « analyse des risques et maîtrise des points critiques »).

Les principes de la méthode HACCP consistent à prévenir toute contamination d'une manière adaptée au fonctionnement de chaque établissement. La procédure mise en place dans l'établissement pour respecter ces principes doit faire l'objet d'un dossier, que les services de contrôle peuvent vous demander. En pratique, les syndicats professionnels et les services de la Direction Départementale de la Protection des

Populations (DDPP) peuvent vous fournir un dossier type qu'il vous suffira d'adapter.

Les syndicats professionnels ont rédigé un guide des bonnes pratiques d'hygiène pour la restauration. Ce guide a été expertisé et validé par l'ANSES (Agence nationale de sécurité sanitaire). Il a été publié au *Journal officiel* et peut être commandé auprès de la Documentation française[1].

Un restaurateur peut être exposé à des contrôles fréquents et inopinés : contrôles des services vétérinaires, contrôles de la DDPP. Différentes sanctions peuvent être infligées en cas de non-conformité : avertissement avec obligation de mise en conformité, amendes, pouvant aller jusqu'à la fermeture de l'établissement.

Depuis le 1er janvier 2010, les DDPP ont repris les attributions de la Direction Générale de la Concurrence, de la Consommation et de la Répression des Fraudes (DGCCRP) et celles des services vétérinaires de la préfecture. Elles sont chargées, par des actions de contrôle, d'inspection et d'enquête, d'assurer la protection et la sécurité du consommateur, ainsi que la qualité de son alimentation.

Parmi les infractions les plus fréquemment constatées, celles relatives à la qualité des produits alimentaires viennent en tête :

- hygiène et conservation des aliments : denrées avec des dates limites de consommation dépassées, congélation illicite ou avec du matériel inadapté, non-respect des règles de température et/ou absence de thermomètres dans les réfrigérateurs ou les chambres froides ;

- fausses mentions valorisantes sur l'origine (« régional », « fermier »), le type de fabrication (« maison », « du chef »), ou sur la nature même des produits (jambon pour de l'épaule).

---

1. http://www.ladocumentationfrancaise.fr/catalogue/9782110750945/index.shtml

Déclaration d'ouverture à la Direction Départementale de la Protection des Populations

Qu'il s'agisse d'une création ou de la reprise d'un restaurant, vous devez faire, avant l'ouverture, une déclaration à la DDPP qui concerne tous les établissements « traitant, transformant, manipulant ou entreposant des denrées animales ou d'origine animale ». Il s'agit d'un formulaire à remplir, que vous vous procurez à la DDPP de votre département.

Obligation de formation à l'hygiène alimentaire en restauration

Depuis le 1ᵉʳ octobre 2012, les restaurateurs ont l'obligation d'avoir parmi leur personnel au moins une personne pouvant justifier d'une formation en matière d'hygiène alimentaire.

S'il existe parmi le personnel du restaurant une personne qui a obtenu, après le 1ᵉʳ janvier 2006 (date de la mise en place du « paquet hygiène »), un diplôme de la profession, l'obligation de formation est satisfaite. Vous pouvez trouver la liste des diplômes qui dispensent la formation sur le site officiel www.legifrance.fr, dans l'arrêté du 25 novembre 2011. De même, s'il existe une personne pouvant justifier d'une expérience professionnelle d'au moins trois ans au sein d'une entreprise du secteur alimentaire en qualité de gestionnaire ou d'exploitant, l'obligation est satisfaite.

Dans le cas où il n'y a pas de salarié dans l'entreprise possédant un de ces diplômes, une personne faisant partie de l'effectif du restaurant devra suivre la formation à l'hygiène alimentaire, d'une durée minimum de quatorze heures. Cette formation est assurée par des organismes déclarés et enregistrés auprès des DRAAF (Direction Régionale de l'Alimentation, de l'Agriculture et de la Forêt).

Respect des règles de sécurité pour l'accueil du public

Un restaurant est un ERP (Établissement Recevant du Public), et à ce titre, il doit respecter des normes de sécurité et d'accessibilité aux personnes handicapées.

Les normes de sécurité

Les principes qui guident la réglementation applicable ont pour objectif de :

- limiter les risques d'incendie ;

- alerter les occupants lorsqu'un sinistre se déclare ;

- favoriser l'évacuation des personnes tout en évitant la panique, d'alerter des services de secours et de faciliter leur intervention.

Les mesures de prévention contre les incendies concernent tous les travaux, que ce soit dans le cadre d'une création ou d'un aménagement de l'établissement.

La réglementation à laquelle un établissement recevant du public est soumis va dépendre de la capacité d'accueil. Celle d'un restaurant ou d'un débit de boissons est limitée par la superficie de la salle. L'effectif maximal du public admis, déduction faite des estrades, des musiciens et des aménagements fixes autres que les tables et les sièges, est déterminé selon la densité d'occupation suivante :

- zones à restauration assise : une personne par mètre carré ;

- zones à restauration debout : deux personnes par mètre carré ;

- files d'attente : trois personnes par mètre carré.

Si la capacité d'accueil de l'établissement ne dépasse pas deux cents personnes, l'établissement fait partie du deuxième groupe, cinquième catégorie. Les autres établissements font partie du premier groupe, leur ouverture est conditionnée par la visite de la commission de sécurité et d'accessibilité, et à l'obtention d'un arrêté d'ouverture délivré par le maire.

Les restaurants dont la capacité d'accueil ne dépasse pas deux cents personnes n'ont pas besoin de demander une autorisation particulière à la mairie et ne sont donc pas systématiquement contrôlés avant leur ouverture. Cependant, ils peuvent recevoir la visite de la commission de sécurité et d'accessibilité à tout moment ; certains départements ont d'ailleurs rendu cette visite obligatoire.

À l'issue de la visite de la commission, un procès-verbal consignant les prescriptions et l'avis de la commission est adressé aux services de la mairie (ou, à Paris, de la préfecture) :

- Si l'avis est favorable, le maire vous adresse un arrêté d'ouverture ou de poursuite d'exploitation.

- Si l'avis est défavorable, vous avez l'obligation de réaliser les mesures prescrites dans les délais fixés ou les travaux peuvent être exécutés d'office sur ordre de la mairie ou, à Paris, de la préfecture de Police.

Si vous êtes amené à réaménager ou à faire des travaux dans le local qui sera destiné à votre activité de restauration, il est donc indispensable de vous adresser à la mairie de votre lieu d'implantation, ou à la préfecture de Police à Paris pour connaître précisément vos obligations.

Si vous souhaitez installer une terrasse sur la voie publique, vous devez solliciter une autorisation préalable auprès de la mairie, ou, à Paris, de la préfecture de Police, qui vous l'attribue après enquête et approbation des services concernés. Vous devez également vérifier que l'installation d'une terrasse est en conformité avec le bail commercial que vous avez conclu.

La réglementation concernant l'accessibilité des personnes handicapées

À partir du 1ᵉʳ janvier 2015, tous les ERP devront être accessibles aux personnes à mobilité réduite. Cependant, cette obligation s'applique déjà en cas de demande de permis de construire ou d'une autorisation de travaux. La réalisation des aménagements d'accessibilité doit être attestée par un organisme agréé ou par un architecte autre que celui qui a signé le permis de construire.

Respect de l'interdiction de fumer

Le principe

Il est interdit de fumer dans les restaurants sauf :

- dans les établissements dont la façade est ouverte ;
- dans des salles closes affectées à la consommation de tabac ;
- sur les terrasses ouvertes.

Les salles closes affectées à la consommation de tabac

Elles doivent respecter certaines normes :

- Elles doivent être équipées d'un dispositif d'extraction d'air par ventilation mécanique, entièrement indépendant du système de ventilation ou de climatisation d'air du bâtiment, et permettant un renouvellement minimal de dix fois le volume de l'emplacement par heure.
- Elles doivent être dotées de fermetures automatiques sans possibilité d'ouverture non intentionnelle.
- Elles ne doivent pas constituer un lieu de passage.

- Elles doivent présenter une superficie au plus égale à 20 % de la superficie totale de l'établissement et ne doivent pas dépasser trente-cinq mètres carrés.

- Les mineurs de moins de seize ans ne doivent pas pouvoir accéder à ces salles.

- La signalisation des emplacements fumeurs (accompagnée de l'avertissement sanitaire) doit être apposée à l'entrée de ces emplacements.

- Les tâches d'entretien et de maintenance ne peuvent être effectuées qu'après renouvellement de l'air, c'est-à-dire au moins une heure après la sortie du dernier occupant.

- Le dispositif de ventilation doit être régulièrement entretenu ; des attestations de maintenance doivent être fournies par l'organisme concerné.

- Bien que disposant d'un emplacement fumeurs, une signalisation rappelant l'interdiction de fumer accompagnée d'un message sanitaire doit être apposée aux entrées de l'établissement ainsi qu'à l'intérieur, dans toutes les autres pièces.

- Du fait de ces normes très contraignantes, très peu d'établissements utilisent cette possibilité et privilégient l'aménagement de leur terrasse pour éviter la déperdition de leur clientèle fumeuse.

Les terrasses ouvertes

Une circulaire d'application du 19 novembre 2006 précise qu'il est possible de fumer sur les terrasses des établissements *« dès lors qu'elles ne sont pas couvertes ou que leur façade est ouverte »*. Cette notion de terrasse a par la suite fait l'objet d'une circulaire du ministère de la Santé du 9 octobre 2007. Celle-ci précise que *« l'interdiction de fumer s'applique aux lieux fermés et couverts en rappelant que les deux conditions sont cumulatives. Elle ne concerne donc pas les terrasses, dès lors qu'elles ne sont pas couvertes ou que la façade est ouverte. Ainsi, pour ce qui est des terrasses couvertes par un auvent, store ou bâche, l'interdiction de fumer ne s'y applique pas à partir du moment où elles ne sont pas totalement fermées, par exemple si la façade est complètement ouverte. Il en est de même lorsque tous les côtés sont fermés mais que la terrasse n'est pas couverte ».*

En raison des interrogations des professionnels sur ce qu'ils avaient le droit ou non de faire en matière de terrasse, le ministère a précisé sa position dans une seconde circulaire en date du 17 septembre 2008. Le texte indique que doivent être considérées comme des espaces extérieurs :

- les terrasses totalement découvertes, quand bien même elles seraient closes sur leurs côtés ;

- les terrasses couvertes mais dont le côté principal serait intégralement ouvert (en général, la façade frontale).

Afin de protéger leur clientèle du froid et des intempéries, les exploitants des terrasses ont tendance à équiper ces dernières de bâches en plastiques. Celles-ci permettent de jouer facilement sur leur ouverture en fonction de la météo. L'association Droits des non-fumeurs a contesté ces aménagements dans cinq établissements parisiens. La cour d'appel de Paris a considéré que les cinq établissements incriminés – dont les terrasses étaient dotées de bâches plastique – ne constituaient pas des lieux où il était interdit de fumer. Et ce, dans la mesure où ces bâches ne sont pas hermétiques : elles laissent par conséquent passer un courant d'air permettant le renouvellement de l'air.

Affichage de différentes informations dans le restaurant

Dans un restaurant, différentes informations doivent être portées à la connaissance des clients.

Affichage des prix

Si le restaurateur est libre de fixer les prix de son choix, il a des obligations d'affichage des prix. Tout d'abord, les prix indiqués doivent être les prix nets qui seront effectivement payés par le client. Ce sont donc les prix TTC. Dans les établissements où un service est perçu, le prix affiché s'entend service compris. Les différents documents affichés ou mis à la disposition des clients doivent comporter la mention « Prix service compris », suivie de l'indication, entre parenthèses, du taux de service pratiqué pour la rémunération de ce service.

Affichage des prix à l'extérieur du restaurant

Le restaurateur est tenu d'afficher, de manière visible et lisible de l'extérieur de l'établissement les menus et cartes du jour, ainsi qu'une carte comportant au minimum les prix de cinq vins, ou les prix de tous les vins s'il en est servi moins de cinq. Dans les établissements ne servant pas de vin, une carte qui comporte au minimum la nature et le prix de cinq boissons couramment servies doit être affichée.

Ces documents doivent être affichés non seulement pendant toute la durée du service mais aussi dès 11 heures 30 pour le déjeuner et dès 18 heures pour le dîner. Lorsque des menus ne sont proposés qu'à certaines heures de la journée, cette restriction doit être mentionnée sur le document affiché à l'extérieur. De plus, les menus doivent comporter la mention « boisson non comprise » ou « boisson comprise », et indiquer pour les boissons la nature et la contenance offerte.

Affichage des prix à l'intérieur du restaurant

À l'intérieur de l'établissement, des menus ou cartes identiques à ceux qui sont affichés à l'extérieur doivent être mis à disposition de la clientèle.

Information du consommateur sur les produits proposés

Dans le but de donner une information claire aux consommateurs, différentes informations sont réglementées.

La dénomination des produits

Vous devez faire en sorte que la dénomination des plats et des ingrédients qui les composent ne soit pas trompeuse ou de nature à créer une confusion dans l'esprit du consommateur. Il faut reproduire sur la carte l'appellation exacte des produits, celle figurant sur le bon de livraison ou sur la facture. Voici, par exemple, des erreurs à ne pas commettre : écrire « crabe » et servir du surimi, écrire « épaule » et servir du jambon, écrire « escalope » et servir de l'escalope de dinde… Le restaurateur qui trompe son client « sur la nature, l'espèce, l'origine, les qualités substantielles, la composition ou la teneur en principes utiles » de ce qu'il sert encourt une peine d'emprisonnement de deux ans au plus et/ou une amende de 37 500 euros.

L'origine des viandes bovines

L'origine des viandes bovines servies doit être indiquée par affichage lisible et visible, en l'indiquant sur les cartes et les menus ou sur tout autre support. Les mentions à indiquer sont :

* « L'origine (nom du pays) », c'est-à-dire le nom du pays, si la naissance, l'élevage et l'abattage du bovin dont sont issues les viandes, ont eu lieu dans le même pays.

- « Né et élevé (nom du pays de naissance et nom du pays d'élevage) et abattu (nom du pays d'abattage) », lorsque la naissance, l'élevage et l'abattage ont eu lieu dans des pays différents.

À savoir

Cette obligation d'affichage ne concerne que les viandes bovines, donc le bœuf et le veau.

Les autres affichages

Licence

Le panonceau de votre licence « restaurant » ou de votre licence « débit de boissons », selon celle que vous détenez, doit être placé à l'extérieur de votre établissement.

Interdiction de fumer

Vous devez afficher l'interdiction de fumer aux entrées de votre établissement, ainsi que dans toutes les pièces, de manière visible.

À savoir

Attention : certains panonceaux vendus dans le commerce ne sont pas conformes à la réglementation. Allez sur le site www.tabac.gouv.fr pour connaître et télécharger les panonceaux officiels.

Protection des mineurs et répression de l'ivresse publique

Le Code de la santé publique impose la présence d'une affiche rappelant les dispositions relatives à la protection des mineurs.

Vous devez donc placer cette affiche concernant « la protection des mineurs et la répression de l'ivresse publique » de manière à ce qu'elle soit immédiatement visible par les clients, soit à proximité de l'entrée, soit à proximité du comptoir.

À savoir

Cette affiche est téléchargeable sur le site officiel www.drogues. gouv.fr à la rubrique « Ce que dit la loi » – « Ce que dit la loi en matière d'alcool » – « Alcool et mineurs ».

Respect de la législation sur la diffusion de musique et d'œuvres audiovisuelles

Droit de diffuser de la musique

Si vous souhaitez diffuser de la musique dans votre restaurant, vous devez rémunérer les auteurs et compositeurs. Cette rémunération se concrétise par le versement d'une redevance à la SACEM (Société des Auteurs, Compositeurs et Éditeurs de Musique). Cette redevance est due par tous les espaces diffusant de la musique en fond sonore, dans un but d'agrément pour la clientèle commerciale, ce qui est le cas pour un restaurant. Vous devez verser cette redevance quel que soit le canal de diffusion de la musique (CD, radio).

Vous devez donc, avant toute diffusion de musique dans votre établissement, faire une déclaration à la SACEM. Il existe des délégations de la SACEM dans la plupart des grandes villes. Vous pouvez trouver les coordonnées de la délégation la plus proche de votre établissement sur le site www.sacem.fr.

Les organisations professionnelles du secteur de l'hôtellerie-restauration et la SACEM ont conclu un accord sur une grille de tarification de la redevance des droits d'auteur pour la sonorisation musicale de leur établissement. Cette redevance est un forfait annuel prenant en compte le nombre de places assises dans l'établissement, ainsi que le nombre d'habitants de la ville où est situé le restaurant ou le café :

Nombre d'habitants de la commune concernée	Contenance du bar : jusqu'à 30 places	Contenance de 31 à 60 places	Contenance de 61 à 100 places	Contenance supérieure à 100 places
Jusqu'à 2 000	335,82 €	386,19 €	444,12 €	510,74 €
Jusqu'à 15 000	419,78 €	482,75 €	555,16 €	638,43 €
Jusqu'à 50 000	566,70 €	651,71 €	749,46 €	824,41 €
Plus de 50 000	821,72 €	944,97 €	1 039,47 €	1 143,42 €
Paris	1 252,59 €	1 440,48 €	1 584,53 €	1 742,98 €

Il s'agit ici du tarif général pour 2012. Si vous êtes adhérent à l'une des organisations professionnelles signataires de cet accord avec la SACEM (l'Umih, la CPIH, le SNRPO, le SNRTC, le Synhorcat et la Fagiht), vous bénéficiez d'une réduction de la redevance de l'ordre de 33 %. De plus, si vous réalisez un chiffre d'affaires annuel HT inférieur à 80 000 euros, vous pouvez bénéficier d'un abattement de 15 % sur le montant du forfait.

Droit de diffuser des programmes de télévision

Si vous placez un poste de télévision dans votre restaurant, vous devez payer une contribution à l'audiovisuel public (ancienne redevance audiovisuelle). Le montant de cette contribution vous est réclamé par l'administration fiscale une fois par an sur une des déclarations de TVA qu'elle vous envoie.

En 2012, pour un établissement détenant une licence « restaurant », le montant s'élève à 125 euros par poste de télévision (ou dispositif assimilé permettant la réception de la télévision). Il est de 80 euros dans les départements d'outre-mer. Et pour un établissement détenant une licence « débit de boissons », il atteint 500 euros par poste (320 euros pour les DOM). Seuls les téléviseurs installés dans le local où vous vendez à titre habituel des boissons alcoolisées à consommer sur place sont imposables à ce tarif majoré (salle de bar).

Il existe des abattements sur ces montants au-delà de deux postes de télévision détenus.

La redevance à la SACEM est également due dans ce cas, puisque les programmes de télévision incluent la diffusion de musique.

Droit de diffuser des œuvres audiovisuelles

Les vidéocassettes ou les DVD achetés dans le commerce, les films téléchargés légalement sur Internet, contiennent une licence qui restreint leur utilisation au cercle familial. Vous ne pouvez donc pas les diffuser dans votre établissement, qui reçoit du public. Pour être dans les règles, vous devez acheter ou louer les vidéocassettes et DVD auprès de sociétés spécialisées qui ont acquis les droits de projection publique (par exemple, Collectivision).

La redevance à la SACEM est également due dans ce cas, puisque les films contiennent des bandes-son avec des créations musicales.

Respect de la tranquillité du voisinage

Vous devez respecter la tranquillité de la clientèle et du voisinage, en termes de nuisances sonores. Depuis l'interdiction de fumer dans les restaurants et cafés, la clientèle a investi les trottoirs devant ces établissements. Vous pouvez être tenu pour responsable du bruit causé par vos clients devant votre établissement. En effet, le Code de la santé publique prévoit que si un bruit porte atteinte à la tranquillité du voisinage ou à la santé de l'homme par sa durée, sa répétition ou son intensité, et ce de jour comme de nuit, l'exploitant pourra être condamné.

Délivrance d'une note ou d'une facture au client

Vous devez remettre au client une note ou une facture conforme aux exigences réglementaires.

Mentions sur une note

Lorsque vous fournissez une prestation à un particulier, vous devez lui remettre une **note** qui comporte les mentions suivantes :

- la date de rédaction de la note ;
- le nom et l'adresse de votre établissement ;
- le prix de chacune des prestations fournies avec leur prix TTC service compris ;
- le montant de la TVA ;
- le total à payer ;
- la mention du service, s'il est pratiqué dans votre restaurant (service … % compris).

Mentions sur une facture

Dans le cas où votre client est un professionnel et non un particulier, vous avez l'obligation de lui délivrer une **facture**. Mais un client particulier a tout à fait le droit de vous demander lui aussi une facture. Celle-ci comprend plus de mentions obligatoires qu'une note :

* la date de la prestation ;
* le numéro de la facture ;
* le nom et l'adresse de votre établissement, sa forme juridique et son capital s'il s'agit d'une société, son numéro d'immatriculation au RCS (Registre du Commerce et des Sociétés) ;
* votre numéro d'identification à la TVA ;
* le nom et l'adresse du client ;
* pour chaque prestation, le prix unitaire HT et le taux de TVA applicable ;
* le total HT, le montant de TVA par taux de TVA, le net à payer ;
* la date et les modalités de règlement.

Respect des obligations comptables, fiscales et sociales

Les obligations comptables et fiscales

La tenue d'une comptabilité est obligatoire pour un commerçant. La finalité première d'une comptabilité est de fournir aux services fiscaux les informations nécessaires au calcul du résultat de votre entreprise, afin de déterminer l'impôt que vous aurez à payer. Mais elle ne se cantonne pas à ce rôle, elle est aussi très utile pour vous apporter des informations sur la situation de votre entreprise et vous aider ainsi à prendre des décisions. Néanmoins, tenir une comptabilité oblige à respecter des règles très strictes et relativement complexes, ce qui conduit la majorité des entrepreneurs à recourir aux services d'un comptable.

Choisissez avec soin ce professionnel avec lequel vous serez souvent en relation. Il s'occupera de votre comptabilité quotidienne, de vos déclarations fiscales et de la gestion de la paie.

Il restera à votre charge la transmission au comptable de tous les justificatifs nécessaires à la tenue de la comptabilité (factures, pièces de caisse, bordereaux de remises de chèques, etc.), la gestion des factures, le règlement des fournisseurs, la gestion de la trésorerie et de la caisse.

Bien que déchargé de ces travaux comptables, intéressez-vous à la comptabilité, car c'est un outil précieux d'informations et de prise de décision, et n'hésitez pas à demander conseil à votre comptable avant de prendre une décision financière importante.

À savoir

Le secteur de l'hôtellerie-restauration a son plan comptable spécifique. Suivant la forme juridique que vous aurez choisie et l'importance de votre chiffre d'affaires, vos obligations comptables et fiscales seront bien différentes. C'est pourquoi elles sont détaillées dans le chapitre 3 au paragraphe « La fiscalité de l'entreprise ».

La protection sociale du dirigeant et des salariés

Pour que vous-même, en tant que dirigeant, et vos salariés puissiez bénéficier d'une protection sociale, votre entreprise doit verser régulièrement des cotisations sociales à différents organismes sociaux.

Suivant la forme juridique de votre entreprise, vous, en tant que dirigeant, pouvez avoir le statut de **travailleur non salarié** (TNS) ou le statut de **salarié** (voir le chapitre 3).

Cotisations sociales des TNS

Le Régime Social des Indépendants (RSI) est l'interlocuteur unique pour toutes les cotisations sociales des TNS. Les différentes cotisations sont :

* les cotisations maladie-maternité ;

* les cotisations retraite ;

* les cotisations invalidité-décès ;

* la cotisation allocations familiales ;

* la CSG, la CRDS ;

* la contribution à la formation professionnelle.

Ces cotisations sont calculées sur une base forfaitaire la première et la deuxième année[1]. Elles s'élèvent à un peu plus de 3 000 euros la première année et à 4 500 euros la deuxième année. Elles sont partiellement régularisées lorsque le revenu réel est connu.

En années de croisière, les cotisations sociales sont calculées en fonction du revenu professionnel (chiffre d'affaires – charges). Elles s'élèvent à environ 45 % de ce revenu professionnel, le pourcentage diminuant lorsque le revenu augmente.

Le revenu professionnel correspond :

* pour l'entrepreneur individuel, au résultat de l'activité (chiffre d'affaires – charges) ;

* pour le gérant de société non salarié, à la rémunération versée.

---

1. Les chômeurs bénéficiant de l'Aide aux Chômeurs Créateurs ou Repreneurs d'Entreprise (ACCRE) sont exonérés d'une majeure partie des cotisations la première année.

Cotisations sociales des salariés

Si vous êtes dirigeant avec le statut de salarié ou assimilé salarié, si vous avez des salariés dans votre entreprise, vous devez verser des cotisations sociales sur les salaires à différents organismes sociaux : l'URSSAF, Pôle emploi et les caisses de retraite complémentaires. Les déclarations à ces organismes sont effectuées tous les mois pour les entreprises de plus de neuf salariés et tous les trimestres pour les autres. Le règlement des cotisations doit accompagner la déclaration.

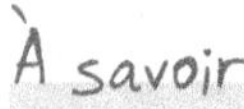

Les dirigeants avec le statut d'assimilé salarié ne cotisent pas à l'assurance-chômage et ne peuvent pas en bénéficier.

Régime particulier du microsocial

Par mesure de simplification, les très petites entreprises (TPE) bénéficient d'un régime fiscal appelé « micro-entreprise », réservé aux entreprises individuelles dont le chiffre d'affaires annuel ne dépasse pas 81 500 euros HT (pour la vente de biens et les entreprises de restauration). Ce régime simplifie la fiscalité (voir le chapitre 3), ainsi que les obligations sociales : les charges sociales de l'entrepreneur individuel sont calculées sur un pourcentage du chiffre d'affaires réalisé.

Chaque trimestre ou chaque mois, suivant la périodicité qu'il a choisie, l'entrepreneur individuel remplit une déclaration en indiquant le chiffre d'affaires qu'il a réalisé dans le trimestre ou le mois écoulé, calcule les cotisations sociales, puis envoie la déclaration et le règlement des cotisations au RSI.

Le taux de cotisations pour les activités commerciales de restauration est de 12 % du chiffre d'affaires. Il faut ajouter 0,1 % du chiffre d'affaires pour la contribution au titre de la formation professionnelle. Si l'activité ne dégage pas de chiffre d'affaires, il n'y a pas de cotisations sociales à payer.

À savoir

Les cotisations sociales sont ici calculées sur le chiffre d'affaires de l'activité, alors que les cotisations du régime normal sont calculées sur le résultat (les charges, importantes en restauration, sont déduites).

Les obligations sociales liées à la présence de salariés

Outre le paiement de charges sociales, vous devez respecter la législation sur le droit du travail, décrite dans le Code du travail et dans la convention collective dont dépend votre profession :

- convention collective nationale des hôtels, cafés et restaurants pour la restauration traditionnelle ;
- convention collective nationale de la restauration rapide, pour les entreprises de restauration rapide.

Formalités liées à l'embauche de salariés

- Tenir à jour un registre unique du personnel qui mentionne, par ordre d'embauchage, les noms et prénoms de tous les salariés occupés dans l'entreprise, en précisant leur nationalité, leur date de naissance, leur sexe, leur emploi, leur qualification, et leur date d'entrée dans l'entreprise.
- Transmettre à l'URSSAF une déclaration unique d'embauche (DUE), au plus tard le jour de l'embauche.

- Signer avec le salarié un contrat de travail et lui en remettre un exemplaire au plus tard quarante-huit heures après l'embauche.
- Soumettre le salarié à une visite médicale d'embauche avant la fin de la période d'essai.

Établissement de bulletins de salaire

Vous avez l'obligation en tant qu'employeur d'établir des bulletins de salaire mensuels pour vos salariés. Le bulletin de salaire doit comporter un certain nombre de mentions obligatoires (voir les fiches pratiques de droit du travail sur le site du ministère du Travail et de l'Emploi).

Autres réglementations à respecter

Obligations concernant les moyens de paiement

Les clients sont en principe libres de régler leurs achats selon le mode de paiement de leur choix : espèces, chèque ou carte bancaire. Il est toutefois possible de refuser certains modes de paiement, sauf lorsque la loi les impose.

Le paiement en espèces

Vous devez accepter les paiements en espèces s'ils sont effectués en euros et si la prestation payée n'excède pas 3 000 euros. Au-delà, le paiement par chèque, virement ou carte bancaire est obligatoire.

Dans les limites de 3 000 euros, il vous est donc interdit de refuser les espèces, même si ce sont des billets de 500 euros. Ce refus est sanctionné par le Code pénal qui prévoit « le fait de refuser de recevoir des pièces de monnaie ou des billets de banque ayant cours légal en France selon la valeur pour laquelle ils ont cours est puni de l'amende prévue pour les contraventions de la 2ᵉ classe », soit une amende d'un montant de 150 euros pour les personnes physiques et de 750 euros pour les personnes morales. Toutefois, vous n'avez pas l'obligation de rendre la monnaie car c'est au client de faire l'appoint.

Le paiement par chèque

Vous êtes tenu d'accepter les chèques dans deux cas de figure :

* Si vous êtes adhérent d'un centre de gestion agréé (affichette apposée dans votre établissement l'indiquant), quel que soit le montant.

* Si votre client est un commerçant, car un commerçant ne doit pas régler ses achats supérieurs à un montant de 1 100 euros en espèces.

Dans les autres cas, vous pouvez refuser les chèques ou en exiger un montant minimal : vous devez l'indiquer avec une affichette du type « Les chèques ne sont acceptés que pour les règlements supérieurs à *x* euros ». Cette mention doit également figurer sur les cartes et les menus, à l'extérieur comme à l'intérieur du restaurant.

Dans tous les cas où vous acceptez les chèques, vous pouvez exiger la production d'une pièce d'identité, c'est-à-dire tout document officiel portant une photographie : carte nationale d'identité, passeport, permis de conduire, etc. Le fait de ne pas réclamer une pièce d'identité pourrait constituer une faute de votre part si le chèque se révélait volé ou sans provisions.

Un commerçant est même en droit d'exiger la présentation de deux pièces d'identité pour accepter un chèque, à la condition d'en aviser clairement la clientèle par un affichage visible à l'entrée de l'établissement.

Le paiement par carte bancaire

Vous n'êtes pas tenu d'accepter le paiement par carte bancaire, qui implique une affiliation à un réseau et la signature d'un contrat d'adhésion. Cependant, commercialement, ce mode de règlement est utilisé par plus de 60 % des clients au restaurant. En cas d'adhésion à un réseau de carte bancaire, vous devez apposer une affichette à la vue des clients indiquant cette adhésion et ne pouvez plus refuser le paiement par carte bancaire. Ce mode de règlement représente un coût pour vous, puisque vous devrez payer une commission sur les transactions. En contrepartie, vous êtes assuré d'encaisser les montants ainsi réglés, à la différence du paiement par chèque.

Si vous souhaitez imposer un montant minimal pour accepter ce mode de paiement, il faut que vous l'affichiez de manière visible.

Le paiement par titres-restaurants

Le système des titres-restaurants a pour objectif de répondre au besoin des salariés de se restaurer pendant leur journée de travail. Quatre sociétés émettent des titres-restaurants : Accor Services émet le *Ticket-Restaurant*, la Sodexo le *Chèque-Restaurant*, le Groupe Chèque-Déjeuner le *Chèque-Déjeuner* et Natixis Intertitres le *Chèque-de-Table*. Ces sociétés vendent aux employeurs des titres-restaurants. Les employeurs cèdent ces titres à leurs salariés en contrepartie d'une somme inférieure à leur montant. La différence correspond à la part patronale. Les salariés utilisent les titres-restaurants pour régler un repas ou acheter des préparations alimentaires chaudes ou froides.

C'est la Centrale de Règlement des Titres (CRT) qui procède au remboursement des titres-restaurants que les restaurateurs ont encaissés. Une commission est prélevée sur ces remboursements, somme dépendant du délai de remboursement souhaité par le restaurateur (trois, sept ou vingt et un jours).

Si vous souhaitez accepter les titres-restaurants comme mode de règlement de vos clients, vous devez faire une demande d'agrément à la CNTR (Commission Nationale des Titres-restaurants). Attendez bien d'avoir reçu votre agrément avant d'accepter des titres-restaurants, au risque de ne pouvoir être remboursé. Pour évaluer l'importance de ce mode de paiement, sachez que plus de trois millions de salariés l'utilisent pour se restaurer à l'heure du déjeuner. Cela représente en moyenne 20 % du chiffre d'affaires des restaurants, part qui augmente régulièrement. Vous apposerez une affichette à l'entrée de votre établissement indiquant que vous acceptez les titres-restaurants.

Il faut connaître la réglementation sur les titres-restaurants : il est interdit de rendre la monnaie sur un titre-restaurant. Normalement, un salarié n'a le droit d'utiliser qu'un seul titre-restaurant en paiement d'un repas, mais une tolérance de deux titres-restaurants est admise, à la condition formelle que le commerçant ne rende pas de monnaie.

Les titres-restaurants ne sont utilisables que les jours travaillés de la semaine, à l'exclusion des dimanches et des jours fériés. Toutefois, les salariés qui travaillent les dimanches et jours fériés peuvent utiliser leurs titres-restaurants ces jours-là, à la condition que leur employeur y ait fait inscrire une mention spéciale élargissant la validité des titres remis à ces salariés.

À savoir

Attention à la validité des titres-restaurants : si vous acceptez un titre-restaurant périmé, vous ne serez pas remboursé par la CRT (www.crt.asso.fr). Les titres-restaurants doivent être utilisés dans l'année au cours de laquelle ils ont été émis. Le millésime d'émission figure obligatoirement en caractères bien apparents sur les titres. Une tolérance permet de prolonger leur durée d'utilisation jusqu'au 31 janvier de l'année suivant leur millésime d'émission.

Autres obligations du restaurateur

Respect des horaires d'ouverture et de fermeture

Des arrêtés préfectoraux ou municipaux fixent les horaires d'ouverture et de fermeture des débits de boissons et restaurants.

> **En pratique**
>
> ### L'exemple de Paris
>
> En application des dispositions de l'**arrêté du préfet de Police n° 2010-00396 du 10 juin 2010 modifié**, fixant l'heure d'ouverture et de fermeture des débits de boissons et des établissements de spectacles et de divertissements publics, vous devez fermer votre établissement au plus tard à 2 heures du matin et ne pouvez l'ouvrir qu'à partir de 5 heures du matin.

Non-discrimination

Un restaurateur ne peut interdire l'accès de son restaurant à un consommateur pour un motif discriminatoire (religion, race, état de santé, mœurs, etc.), ou en raison de la présence d'enfants. En revanche, vous avez tout à fait le droit de compter un couvert pour chaque enfant, même si ceux-ci ne consomment pas, à condition, bien sûr, que le prix du couvert pour les enfants soit mentionné sur le menu ou la carte.

Vous n'êtes pas obligé d'accepter les animaux. Si vous les acceptez, vous pouvez imposer la tenue en laisse dans la salle.

Vous ne pouvez pas refuser un client parce qu'il est seul et que les tables libres disposent de plusieurs places.

Prestations servies ou commandées

Vous devez remplacer un plat si le client estime que celui qui lui a été servi n'est pas frais ou pas assez chaud. Le client peut exiger la même chose pour le vin, notamment s'il est « bouchonné ». En revanche, si le plat ne convient pas pour une question de goût, vous n'êtes pas obligé de le remplacer et le client devra régler la note.

Vous ne pouvez pas obliger le client à commander de l'eau minérale ou du vin. La carafe d'eau est gratuite.

Responsabilité du restaurateur

Le restaurateur voit sa responsabilité engagée lorsqu'un client ou les biens de celui-ci subissent un dommage. L'indemnisation du client pourra conduire au versement de dommages-intérêts. L'assurance responsabilité civile du restaurateur permet de couvrir ces frais (mais l'assureur indemnise ces dommages en laissant souvent une franchise à la charge du restaurateur).

Tout d'abord, vous avez l'obligation de fournir des aliments et boissons sains. C'est une obligation de résultat, ce qui implique qu'en cas d'intoxication du client, ce sera à vous d'apporter la preuve que vos denrées et boissons étaient bien saines.

Vous avez aussi l'obligation d'assurer la sécurité du client. C'est une obligation de moyens, ce sera donc au client d'apporter la preuve que vous n'avez pas mis en œuvre tous les moyens nécessaires pour assurer sa sécurité (la lumière pour accéder aux toilettes était insuffisante, les marches de l'escalier étaient glissantes et inégales, etc.).

Les biens du client qui sont remis au vestiaire sont sous votre responsabilité. Leur perte ou leur détérioration doit donner lieu à des dommages-intérêts. Si vous mettez un portemanteau à disposition de la clientèle, vous devenez responsable des biens qui y sont accrochés, sauf si vous avez mis en évidence un panneau déclinant votre responsabilité.

Si l'un de vos employés cause un dommage à un client (un vêtement est taché car le serveur a renversé de la sauce dessus, par exemple), vous êtes responsable en tant qu'employeur et il vous incombe d'indemniser la victime.

Les formalités de création de l'entreprise

Comme vous avez pu le constater dans ce chapitre sur la réglementation, de très nombreuses formalités et démarches spécifiques à votre activité de restauration sont à effectuer dans les semaines qui précèdent et celles qui suivent l'ouverture de votre restaurant. D'autres formalités, générales à toute création d'entreprise, sont également à effectuer.

La déclaration d'existence de votre entreprise

Vous devez vous adresser au centre de formalités des entreprises (CFE), qui se trouve à la chambre de commerce et d'industrie (CCI) de votre région. Vous y remplirez un dossier unique qui permet de déclarer l'existence de votre entreprise à plusieurs organismes en une seule formalité.

Le CFE va informer les organismes suivants de votre existence :

- l'INSEE ;
- le greffe du tribunal de commerce ;
- la caisse régionale d'assurance maladie des salariés ;
- l'URSSAF et les caisses régionales de Sécurité sociale ;
- Pôle emploi ;
- le RSI ;
- les services fiscaux.

L'INSEE va vous attribuer :

* un numéro SIREN, numéro unique d'identification de votre entreprise, à utiliser pour vos relations avec les organismes publics et les administrations ;

* un ou plusieurs numéros SIRET suivant votre nombre d'établissements, à utiliser dans tous vos documents commerciaux ;

* un code NAF, code correspondant à l'activité de votre entreprise : 56.10A pour la restauration traditionnelle et 56.10C pour la restauration rapide.

Le greffe du tribunal de commerce procède à votre immatriculation au Registre du Commerce et des Sociétés et vous attribue un numéro RCS, qui se compose de :

* la mention RCS ;

* le nom de la ville d'implantation du tribunal de commerce enregistrant votre immatriculation ;

* la lettre A si votre entreprise est individuelle, B s'il s'agit d'une société ;

* votre numéro SIREN.

Les auto-entrepreneurs reçoivent un numéro SIREN, mais pas de numéro RCS.

Les autres formalités à accomplir

* Effectuer les formalités spécifiques à la création d'une société, si vous avez choisi cette forme juridique (voir dans le chapitre suivant « Choisir un cadre juridique et fiscal » le paragraphe intitulé « Les sociétés »).

* Ouvrir un compte bancaire ou postal au nom de l'entreprise.

* Faire connaître l'existence de votre entreprise à La Poste.

* Prendre une assurance pour vous et votre entreprise.

1. Pour exercer la profession de restaurateur, le diplôme exigé est :
a) Le CAP cuisinier.
b) Le brevet professionnel restaurant.
c) Pas d'exigence de diplôme.

2. Indiquez la phrase exacte concernant le permis d'exploitation :
a) Il est délivré par un organisme agréé par le ministère de l'Intérieur après une formation.
b) Il est délivré par la mairie après vérification que vous n'avez pas eu de condamnation pénale.
c) Il n'est pas obligatoire quand on veut ouvrir un restaurant avec une petite licence de restaurant.

3. Avec une grande licence de restaurant, vous pouvez :
a) Servir toutes sortes de boissons, même en dehors des repas.
b) Servir toutes sortes de boissons, mais uniquement à l'occasion des repas.
c) Servir uniquement des boissons du premier et du deuxième groupe.

4. Depuis le 1er octobre 2012, il existe pour les restaurants une nouvelle obligation en matière d'hygiène. Indiquez cette obligation :
a) Avoir parmi le personnel au moins une personne pouvant justifier d'une formation en hygiène alimentaire.
b) Avoir au moins la moitié de son personnel pouvant justifier d'une formation en hygiène alimentaire.
c) Avoir tout son personnel pouvant justifier d'une formation en hygiène alimentaire.

5. Vos clients ont le droit de fumer :
a) Dans l'une de vos deux salles de restaurant, désignée comme la salle « fumeurs ».
b) Sur votre terrasse couverte et fermée par des bâches en plastique.
c) Sur votre terrasse couverte et fermée par une porte coulissante.

.../...

6. Indiquez la seule phrase exacte concernant l'affichage des prix :
a) Les prix doivent être affichés hors taxes sur les cartes et les menus.
b) Les prix doivent être affichés à l'extérieur et à l'intérieur de l'établissement.
c) Les prix doivent être affichés en permanence, 24 h/24.

7. Le paiement de la redevance à la SACEM :
a) N'est pas dû quand vous diffusez la radio dans votre établissement.
b) N'est pas dû quand vous diffusez un programme de télévision.
c) Est dû quelle que soit la source musicale.

8. Un client veut régler sa note de 230 euros avec deux billets de 200 euros.
a) Vous êtes obligé d'accepter ce moyen de paiement.
b) Vous pouvez exiger du client qu'il fasse l'appoint, car le fonds de caisse ne vous permet pas de lui rendre la monnaie.
c) Vous pouvez refuser les billets de plus de 100 euros, si vous avez apposé une affiche dans votre établissement.

9. La réglementation sur les titres-restaurants prévoit que :
a) Le restaurateur peut rendre la monnaie sur un titre restaurant.
b) Le restaurateur peut accepter n'importe quels titres-restaurants le dimanche.
c) Le restaurateur peut accepter deux titres-restaurants en paiement d'un repas.

10. L'organisme qui centralise les formalités de déclaration d'existence de votre entreprise est :
a) Le centre de formalités des entreprises.
b) L'INSEE.
c) Le greffe du tribunal de commerce.

3

Choisir un cadre juridique et fiscal

Pour fonctionner dans un cadre légal, une entreprise doit avoir :

* une forme juridique : soit une entreprise individuelle soit une société ;

* un régime fiscal : le système de calcul et de paiement de ses impôts ;

* un régime social : la protection sociale de son dirigeant.

Tout créateur d'entreprise doit donc choisir une forme juridique pour exercer son activité. Cette forme juridique aura non seulement des conséquences sur la vie de son entreprise, sur sa responsabilité vis-à-vis de ses créanciers, mais aussi sur le régime fiscal ou social dont il bénéficiera. Avant d'étudier plus attentivement les différentes formes juridiques, retenez simplement qu'il en existe deux grands types :

* l'entreprise individuelle, où vous êtes seul aux commandes, qui est votre outil de travail personnel et qui fait partie de vos biens personnels ;

* la société, qui est une structure bien distincte de vous et de vos biens.

Nous allons tout d'abord étudier l'entreprise individuelle, ses principales caractéristiques et ses variantes, puis les différentes formes de sociétés commerciales. Nous verrons les avantages et les inconvénients de chaque forme juridique. Nous expliquerons enfin la fiscalité de l'entreprise, avec les principaux impôts à payer et les différents régimes fiscaux.

L'entreprise individuelle

L'entreprise individuelle, par sa simplicité de création et de fonctionnement, est la forme juridique choisie par la majorité des entrepreneurs.

Pas de patrimoine en propre

Dans le cas d'une entreprise individuelle, l'entrepreneur et son entreprise ne forment qu'une seule personne. Au sens juridique, cela signifie que les biens de l'entreprise font partie des biens de l'entrepreneur, au même titre que sa maison ou sa voiture personnelle. De même, toutes les dettes de son entreprise font partie de ses propres dettes. L'ensemble des biens et des dettes d'une personne s'appelant le patrimoine, l'entreprise individuelle n'a donc pas de patrimoine distinct de celui de son créateur.

La responsabilité de l'entrepreneur individuel

Comme on ne peut distinguer le patrimoine de l'entreprise du patrimoine de l'entrepreneur, ce dernier est responsable des dettes de l'entreprise sur l'ensemble de ses biens personnels. Concrètement, cela signifie que si l'entreprise connaît des difficultés financières, les biens personnels de l'entrepreneur pourront être saisis pour payer les dettes de l'entreprise.

Possibilité d'effectuer une déclaration d'insaisissabilité

Pour atténuer ce risque important, le législateur a institué, en 2003, la possibilité aux entrepreneurs individuels de faire une déclaration d'insaisissabilité devant un notaire. Cette déclaration permet de protéger certains biens immobiliers en les rendant insaisissables. Les biens que l'entrepreneur individuel peut protéger des poursuites de ses créanciers professionnels sont :

- son habitation principale ;
- tout bien foncier bâti ou non bâti qu'il n'a pas affecté à un usage professionnel.

Une fois cette déclaration effectuée chez le notaire, elle doit faire l'objet d'une publication au bureau des hypothèques et être mentionnée sur le registre du commerce et des sociétés (RCS). À partir de ce moment, les biens mentionnés dans la déclaration ne pourront plus être saisis par les créanciers professionnels. Toutefois, la déclaration ne produit ses effets qu'à l'égard des créanciers dont les droits sont nés après sa publication. Elle ne protège donc pas des dettes passées.

Responsabilité de l'entrepreneur et régime matrimonial

Si vous êtes marié, le régime matrimonial a son importance, car les biens qui peuvent être saisis par les créanciers professionnels ne seront pas les mêmes. Si vous êtes marié sans avoir établi de contrat de mariage, vous êtes sous le régime matrimonial légal, appelé communauté de biens réduite aux acquêts. Concrètement, tous les biens acquis à partir du mariage sont communs aux deux époux. Les biens acquis avant le mariage et reçus en succession restent en propre à chacun. Cela signifie que tous les biens acquis au cours du mariage par le conjoint de l'entrepreneur peuvent être saisis par les créanciers professionnels (en plus des biens propres de l'entrepreneur). De même, l'entreprise individuelle développée durant le mariage appartient pour moitié au conjoint de l'entrepreneur, ce qui peut poser problème en cas de divorce.

Une solution pour pallier cet inconvénient est d'opter pour un régime de séparation de biens, qu'il faut établir devant un notaire. Il n'y a pas de biens communs aux époux, chacun a ses biens propres.

Quoi qu'il en soit, quand vous créez une entreprise individuelle et que vous êtes marié sous un régime avec biens communs, une des formalités demandée lors de l'immatriculation de l'entreprise est la production d'une attestation indiquant que votre conjoint a bien été informé des conséquences sur les biens communs des dettes contractées dans le cadre de l'activité professionnelle.

Les formalités de création

Les formalités de création d'une entreprise individuelle sont simples. Le dépôt du dossier de création d'entreprise au centre de formalités des entreprises (CFE) entraîne l'immatriculation au registre du commerce et des sociétés (RCS), qui établit l'existence légale de l'entreprise individuelle. Toutes les formalités nécessaires à la constitution d'une société (dépôt d'un capital à la banque, rédaction des statuts, enregistrement des statuts, parution dans un journal d'annonces légales) n'ont pas lieu d'être si vous créez une entreprise individuelle.

Le fonctionnement

L'entrepreneur dispose des pleins pouvoirs pour diriger son entreprise. Il est le seul maître de son affaire et prend seul les décisions. Il peut embaucher des salariés. Il n'a pas l'obligation de publier ses comptes annuels. Les bénéfices après impôts générés par son entreprise sont intégralement pour lui.

Les apports financiers

La notion de capital n'existe pas pour une entreprise individuelle. Le capital est en effet l'argent apporté et mis à disposition par les créateurs d'une société pour constituer le patrimoine de celle-ci. Le patrimoine de l'entreprise individuelle étant confondu avec celui de l'entrepreneur, un apport financier spécifique et dédié à l'entreprise n'est pas nécessaire. Ce qui n'empêche pas que l'entrepreneur doive faire des investissements pour son activité professionnelle.

L'imposition des bénéfices de l'entreprise individuelle

L'entrepreneur individuel est imposé à l'impôt sur le revenu (IR). Il reporte le bénéfice de son activité professionnelle dans la catégorie BIC (bénéfices industriels et commerciaux).

La protection sociale de l'entrepreneur individuel

L'entrepreneur individuel dépend du régime de protection sociale des travailleurs non salariés (TNS) (voir dans le chapitre 2 « Respect des obligations comptables, fiscales et sociales »).

La cession de l'entreprise individuelle

L'entrepreneur individuel peut céder son entreprise en vendant le fonds de commerce, c'est-à-dire l'ensemble des éléments constituant ce dernier : clientèle, droit au bail, outils professionnels, nom et enseigne commerciale, licence, etc. Il faudra établir un acte de vente écrit, pas obligatoirement notarié, car le fonds de commerce n'est pas un immeuble mais un bien meuble. Le Code de commerce précise les informations que doit obligatoirement contenir l'acte de vente : informations sur la précédente cession (identité du vendeur, prix de vente, etc.), sur le chiffre d'affaires des trois dernières années, le bénéfice, sur les caractéristiques du bail notamment.

Le régime de l'auto-entrepreneur

Il ne s'agit pas d'une forme juridique spécifique : l'auto-entrepreneur est un entrepreneur individuel. Ce régime consiste en un ensemble de mesures destinées à faciliter l'exercice d'une petite activité professionnelle indépendante. On parle de petite activité, car le chiffre d'affaires annuel de l'activité ne doit pas dépasser :

- 81 500 € en 2012 pour une activité de vente de marchandises, d'objets, de fournitures de logement et d'aliments à consommer sur place et à emporter (les restaurants sont dans cette catégorie) ;

- 32 600 € en 2012 pour une autre activité de services.

Certaines mesures facilitent la création et le fonctionnement de l'activité d'auto-entrepreneur :

- dispense d'immatriculation au RCS ; une simple inscription auprès du centre de formalités des entreprises (CFE) suffit pour débuter son activité ;

- application du régime fiscal de la micro-entreprise (voir dans le chapitre 2 « Respect des obligations comptables, fiscales et sociales ») ;

- paiement des cotisations sociales selon le régime du microsocial (voir plus loin « La fiscalité de l'entreprise »).

L'entrepreneur individuel à responsabilité limitée (EIRL)

L'EIRL n'est pas une forme juridique spécifique, mais une variante de l'entreprise individuelle. Le législateur l'a institué en 2011 pour élargir la portée de la déclaration d'insaisissabilité, dans le but de protéger les biens personnels de l'entrepreneur en cas de faillite de son activité professionnelle. Les deux principales mesures sont :

- la déclaration d'un patrimoine affecté à l'activité, qui est le patrimoine pouvant être saisi par les créanciers, les autres biens de l'entrepreneur étant protégés ;

* la possibilité pour l'entrepreneur d'opter pour l'impôt sur les sociétés (IS) à la place de l'imposition sur les revenus (IR) ; cette décision est irrévocable.

Le statut d'EIRL concerne les nouveaux entrepreneurs individuels, les entrepreneurs individuels déjà en activité et les auto-entrepreneurs.

Comment faire la déclaration du patrimoine d'affectation ? Il s'agit de lister tous les biens que l'entrepreneur individuel utilise pour son activité professionnelle : description des biens et de leur valeur. L'affectation d'un bien immobilier nécessite un acte notarié. De même, si un bien est commun aux époux, l'accord du conjoint est exigé.

À savoir

Vous trouverez un modèle de déclaration d'affectation sur le site www.eirl.fr La déclaration d'affectation est déposée par l'entrepreneur au CFE qui se charge de la transmettre au RCS.

Les sociétés

Créer une société comme cadre juridique de votre activité est un choix qui peut être guidé par :

* la volonté de vous associer avec d'autres personnes ;

* la nécessité de protéger vos biens personnels ;

* le besoin de ressources financières importantes qui nécessitent des investisseurs ;

* le besoin de crédibilité vis-à-vis de partenaires (banquiers, fournisseurs, clients, etc.), que le statut de société va rassurer.

À la différence de l'entreprise individuelle, la société est une entité distincte de l'entrepreneur, avec son propre patrimoine. Elle désigne l'association de plusieurs personnes qui mettent en commun de l'argent et des biens pour exercer une activité dans le but de partager les bénéfices. Les associés s'engagent à contribuer aux pertes. Il existe plusieurs formes de sociétés pour exercer une activité commerciale. Ce sont essentiellement :

* la Société à Responsabilité Limitée (SARL) ;

* l'Entreprise Unipersonnelle à Responsabilité Limitée (EURL) ;

* la Société Anonyme (SA) ;

* la Société par Actions Simplifiée (SAS) ;

* la Société en Nom Collectif (SNC).

Étudions leurs caractéristiques principales.

Le nombre d'associés

SARL	2 associés minimum 100 associés maximum
EURL	L'EURL est une SARL avec la particularité d'un associé unique
SA	7 associés minimum Pas de maximum
SAS	1 associé minimum Pas de maximum
SNC	2 associés minimum Pas de maximum

Le montant minimal du capital

Le capital est constitué par les apports des associés. Ceux-ci peuvent apporter non seulement de l'argent, mais aussi des biens (qui doivent être évalués pour être valorisés). Le montant du capital est divisé en parts : chaque associé a un nombre de parts proportionnel à son apport. Par exemple, si le capital est de 10 000 euros, constitué de deux cents parts de 50 euros, un associé qui a apporté 4 000 euros possède quatre-vingts parts. Dans une SA ou une SAS, une part s'appelle une action et les associés des actionnaires.

SARL	Pas de capital minimum. Le montant du capital est fixé librement par les associés dans les statuts de la société ; 20 % au moins des apports numéraires (argent) doivent être versés à la constitution de la société, le reste doit l'être dans les cinq ans.
EURL	Mêmes règles que pour la SARL.
SA	37 000 € minimum. 50 % au moins des apports numéraires (argent) doivent être versés à la constitution de la société, le reste doit l'être dans les cinq ans.
SAS	Pas de capital minimum. Le montant du capital est fixé librement par les associés dans les statuts de la société ; 50 % au moins des apports numéraires (argent) doivent être versés à la constitution de la société, le reste doit l'être dans les cinq ans.
SNC	Pas de capital minimum. Le montant du capital est fixé librement par les associés dans les statuts de la société.

La responsabilité des associés

SARL EURL SA SAS	La responsabilité des associés est limitée au montant de leurs apports. Exceptionnellement, elle peut être étendue aux biens personnels dans les cas suivants : – pour le dirigeant, s'il a commis des fautes de gestion[1] ; – pour les associés qui se sont portés personnellement caution (en garantie d'un prêt par exemple).
SNC	Les associés sont responsables sur l'ensemble de leurs biens personnels, solidairement (un créancier peut poursuivre n'importe quel associé).

---

1. Selon les tribunaux, la faute de gestion est constituée par tout acte ou toute omission commis par un dirigeant de société qui peut s'analyser comme une erreur dans la direction de l'entreprise, une imprudence, une négligence ou une transgression des obligations légales ou des dispositions statutaires. Par exemple, le fait pour un gérant de créer une SARL avec un capital nettement insuffisant a été considéré comme une faute de gestion.

Les formalités de création de la société

Outre le dépôt du dossier de création d'entreprise au centre de formalités des entreprises (CFE), qui se trouve à la chambre de commerce et d'industrie de votre région, le fait de créer la nouvelle personne juridique qu'est une société entraîne d'autres formalités.

Évaluation des biens par un commissaire aux apports

Si le capital apporté comprend des apports en nature (des biens), un commissaire aux apports doit évaluer le montant de ces biens. Cette évaluation n'est pas obligatoire, dans le cadre d'une création de SARL ou d'EURL, si les associés décident à l'unanimité de les évaluer eux-mêmes, à la double condition que chaque apport n'ait pas une valeur supérieure à 30 000 euros et que la valeur totale des apports en nature ne dépasse pas la moitié du capital.

Dépôt des sommes d'argent constituant le capital de la société

Il faut déposer l'argent constituant les apports en espèces sur un compte bloqué le temps de l'immatriculation de la société.

Rédaction des statuts de la société

Les statuts comprennent l'ensemble des règles de fonctionnement de la société. Suivant la forme de société choisie, les règles sont plus ou moins strictes. Par exemple, le choix d'une Société par Action Simplifiée laisse une grande liberté dans la rédaction des statuts. Le recours à un conseil juridique est fortement conseillé. Vous trouverez des modèles de statuts sur le site de l'Agence Pour la Création d'Entreprise (APCE) : www.apce.com.

L'enregistrement des statuts de la société

Les statuts de la société, datés et signés, doivent être enregistrés auprès du service des impôts des entreprises (SIE) du siège de votre société. Cela peut être fait après le dépôt du dossier au CFE, mais en respectant un délai d'un mois suivant leur signature.

La publicité dans un journal d'annonces légales

Parce que la société est une personne juridique nouvelle, sa « naissance » doit être annoncée, en faisant paraître un avis dans un journal d'annonces légales. Les journaux d'annonces légales sont habilités à diffuser les informations juridiques des entreprises : presse quotidienne régionale (comme *Le Parisien*, *Ouest-France*, *La Dépêche du Midi*, etc.), presse nationale (comme *La Croix*, etc.), hebdomadaires régionaux (comme *Les Échos judiciaires girondins*, *L'Observateur du Valenciennois*, etc.).

Le dirigeant de l'entreprise

SARL	Celui qui dirige est le **gérant**, nommé par les associés à la majorité de plus de la moitié des parts, sauf si une majorité plus élevée a été prévue dans les statuts. Le gérant peut être l'un des associés, ou une personne embauchée pour remplir cette fonction.
EURL	Celui qui dirige est le **gérant**, qui est l'associé unique ou une personne embauchée par lui pour remplir cette fonction.
SA	L'organe dirigeant est le **conseil d'administration**, composé de trois à dix-huit actionnaires. Il nomme un président parmi ses membres. Le président peut assumer les fonctions de directeur général, mais un directeur général, actionnaire ou pas, peut aussi être nommé par le conseil d'administration pour représenter la société et assurer la gestion courante.
SAS	Le dirigeant est un **président** nommé par les associés. Il peut être l'un des associés ou une personne embauchée pour remplir cette fonction.
SNC	Celui qui dirige est le **gérant**, qui peut être l'un des associés, ou une personne embauchée pour remplir cette fonction.

Le fonctionnement de la société

Il est soumis à davantage de contraintes que l'entreprise individuelle, car le dirigeant n'est généralement pas le propriétaire de l'entreprise, ou pas en totalité ; il doit donc rendre des comptes aux propriétaires que sont les associés.

Le dirigeant accomplit seul tous les actes de gestion courante de la société. Il agit au nom de la société dans ses rapports avec les tiers.

Les statuts de la société définissent les pouvoirs du dirigeant et la manière dont les associés participent aux prises de décision.

Des assemblées générales des associés se tiennent régulièrement (au moins une fois par an) pour prendre les décisions ne relevant pas des pouvoirs du dirigeant. On les appelle assemblées générales ordinaires, par opposition aux assemblées générales extraordinaires qui ont lieu quand les associés veulent modifier les statuts. La majorité requise pour la prise de décision diffère selon la forme de société et le type d'assemblée générale :

	Assemblée générale ordinaire	Assemblée générale extraordinaire
SARL	Majorité simple (au moins 50 % des parts de capital).	Majorité d'au moins deux tiers des parts. Présence minimale requise : associés détenant au moins un quart des parts (un cinquième à la deuxième convocation).
EURL	L'associé étant unique, il prend seul les décisions.	
SA	Majorité simple (au moins 50 % des actions).	Majorité d'au moins deux tiers des actions. Présence minimale requise : associés détenant au moins un quart des actions (un cinquième à la deuxième convocation).

.../...

	Assemblée générale ordinaire	Assemblée générale extraordinaire
SAS	Les associés ont une grande liberté dans la manière de prendre des décisions collectives. Ils déterminent les règles dans les statuts.	
SNC	Les associés doivent se réunir au moins une fois par an. Les décisions sont prises à l'unanimité, excepté si les statuts l'ont prévu différemment. Certaines décisions ne peuvent être prises qu'à l'unanimité : la révocation du gérant s'il est associé, les cessions de parts et la transformation de la société en SAS.	

Un commissaire aux comptes est obligatoire dans les SA. Son rôle est de certifier que les comptes de la société sont « sincères et réguliers et donnent une image fidèle du patrimoine ». C'est un expert-comptable inscrit comme commissaire aux comptes et mandaté par les associés pour une durée de six ans. Sa présence est également obligatoire dans les SARL, les EURL et les SNC lorsque deux des conditions suivantes sont remplies :

- entreprise de plus de cinquante salariés ;

- chiffre d'affaires annuel HT supérieur à 3 100 000 euros ;

- total du bilan supérieur à 1 550 000 euros.

La protection sociale du dirigeant

Il existe deux régimes de protection sociale (voir dans le chapitre 2 « Respect des obligations comptables, fiscales et sociales ») :

- régime des salariés ;

- régime des travailleurs non salariés (TNS).

Certains dirigeants ayant opté pour le régime d'assimilé salarié bénéficient du régime de Sécurité sociale et de retraite des salariés, mais pas de l'assurance chômage.

Suivant la forme de la société, et selon que le gérant est aussi associé dans la société, voici les régimes dont bénéficient les dirigeants :

SARL	Gérant associé majoritaire : TNS. Gérant associé minoritaire ou égalitaire : assimilé salarié. Gérant non associé : salarié. *Un gérant est majoritaire s'il détient avec son conjoint et ses enfants mineurs plus de 50 % du capital de la société.*
EURL	Gérant associé : TNS. Gérant non associé : salarié.
SA	Président : assimilé salarié.
SAS	Président : assimilé salarié.
SNC	Gérant associé : TNS. Gérant non associé : salarié.

La cession de la société

La vente de votre restaurant passe par la vente des parts de la société. Suivant la forme de la société, les règles seront différentes :

SARL	Cession libre entre associés, aux conjoints, héritiers, ascendants et descendants des associés (sauf mention contraire dans les statuts). Aux autres personnes, la cession est possible à une double condition : accord de la majorité des associés et qui doivent détenir la majorité du capital.
EURL	Cession libre, puisque l'associé est unique.
SA	Cession libre des actions (sauf conditions d'agrément définies dans les statuts).
SAS	Les conditions de cession des actions sont définies dans les statuts (cession libre ou conditions d'agrément).
SNC	Il faut le consentement de tous les associés.

Avantages et inconvénients des différentes formes juridiques

Chaque forme juridique a ses avantages et ses inconvénients, synthétisés dans le tableau ci-dessous, tableau qui vous aidera à choisir celle qui correspond le mieux à vos souhaits et à vos contraintes :

Forme juridique	Avantages	Inconvénients
Entreprise individuelle	Grande liberté d'action, car l'entrepreneur décide et gère seul. Formalités de création limitées et simples à effectuer, pas de statuts à déposer. Simplicité de fonctionnement. Possibilité de protéger ses biens personnels en optant pour le statut d'EIRL, ou de protéger son habitation principale en faisant une déclaration d'insaisissabilité.	Les bénéfices de l'entreprise sont imposés au titre de l'IR, ce qui peut être pénalisant si les revenus de l'entrepreneur sont importants. Mais possibilité d'opter pour l'IS avec le statut d'EIRL. Le patrimoine de l'entreprise est confondu avec celui de l'entrepreneur, qui est responsable des dettes de l'entreprise sur ses biens propres (mais en optant pour l'EIRL, on supprime cet inconvénient). Nécessité de revoir son régime matrimonial pour protéger les biens de son conjoint. Tiers et partenaires financiers peuvent préférer une société, statut qui leur paraîtra plus solide. Pas de statut de salarié pour l'entrepreneur individuel.
SARL	Entité autonome avec son propre patrimoine ; les biens personnels des associés sont à l'abri des créanciers. Permet de créer une société avec un budget peu important. Permet de s'associer dans un cadre rassurant, notamment avec des membres de sa famille. Choix d'opter pour l'IR ou L'IS.	Coût de constitution élevé et formalités de création importantes. Règles de fonctionnement assez strictes. Nécessité de constituer un capital suffisamment important, car il est risqué et peu crédible de créer une SARL à 1 euro. Le gérant doit avoir une gestion rigoureuse, car il doit rendre des comptes aux associés.

.../...

Forme juridique	Avantages	Inconvénients
EURL	Permet de créer une société en étant seul. Biens personnels à l'abri des créanciers. Simplicité de fonctionnement quand le gérant est l'associé unique. Facilité de transformation en SARL. Facilité de cession de l'entreprise.	Coût de constitution élevé et formalités de création importantes. Nécessité de constituer un capital suffisamment important, car il est risqué et peu crédible de créer une EURL à 1 euro.
SA	Forme juridique réservée aux projets d'envergure, nécessitant des capitaux importants. Forme juridique perçue par les banquiers et les investisseurs comme un gage de sécurité. Facilités pour augmenter le capital et pour céder les actions. Biens personnels à l'abri des créanciers.	Lourdeur de fonctionnement et coût important. Nécessité de recourir à un commissaire aux comptes.
SAS	Grande souplesse de cette forme juridique, car il y a une très grande liberté dans la rédaction des statuts. Forme juridique perçue par les banquiers et investisseurs comme ayant le même niveau de sécurité que la SA. Biens personnels à l'abri des créanciers. Recours à un commissaire aux comptes facultatif. Permet de créer une société en étant seul (SASU : société par actions simplifiée unipersonnelle).	Coût de constitution élevé et formalités de création importantes. Nécessité d'être très rigoureux dans la rédaction des statuts.

Forme juridique	Avantages	Inconvénients
SNC	Forme juridique intéressante pour encadrer une activité commerciale familiale et la préserver de la participation de tiers. Capital librement fixé par les associés. Grande stabilité du gérant qui ne peut être révoqué qu'à l'unanimité.	Responsabilité solidaire et indéfinie de tous les associés ; les biens personnels ne sont pas à l'abri des créanciers. Rigidité de fonctionnement, car de nombreuses décisions se prennent à l'unanimité. Difficulté à quitter la société, car la cession des parts se fait à l'unanimité. Pas de statut de salarié pour le gérant-associé.

La fiscalité de l'entreprise

L'entreprise commerciale est en principe soumise à trois impôts principaux : la TVA, l'impôt sur les bénéfices et la contribution économique territoriale (CET).

Le régime fiscal est la méthode de calcul de ces impôts. Il est très différent selon la forme juridique que vous avez choisie et l'importance du chiffre d'affaires de votre entreprise. Il en existe trois :

- le régime fiscal réel normal ;
- le régime fiscal du réel simplifié ;
- le régime fiscal de la micro-entreprise.

Mais avant d'expliquer ces différents régimes fiscaux et les conditions pour y être assujetti, étudions de manière plus détaillée chacun des trois impôts : TVA, impôt sur les bénéfices et CET.

La TVA

Cet impôt est supporté par les particuliers, les entreprises étant chargées de sa collecte.

Une entreprise vend à ses clients des prestations qu'elle facture TTC. La TVA ainsi collectée sur les ventes doit être reversée à l'État. En contrepartie, elle a le droit de déduire la TVA que le client a payée sur ses achats. Ce principe est valable pour toutes les entreprises, excepté celles qui bénéficient du régime micro-entreprise, car elles ne facturent pas de TVA.

Le calcul de la TVA à payer

Vous avez facturé pour 10 000 euros HT de prestations pour un mois donné. Vous avez effectué des achats durant ce mois pour 3 000 euros HT (au taux de 5,5 %), 1 000 euros HT (au taux de 7 %) et 1 000 euros HT (au taux de 19,6 %). La TVA à verser à l'État pour ce mois-là se calcule de la manière suivante :

	Calcul	Montant
TVA collectée sur les ventes	10 000 × 7 %	700 €
TVA déductible sur les achats à 5,5 %	3 000 × 5,5 %	– 165 €
TVA déductible sur les achats à 7 %	1 000 × 7 %	– 70 €
TVA déductible sur les achats à 19,6 %	1 000 × 19,6 %	– 196 €
TVA à verser à l'État	700 – 165 – 70 – 196	**269 €**

Vous devez donc payer 269 euros aux services fiscaux. Dans le cas où vous avez davantage de TVA à déduire que de TVA collectée, il s'agit d'un crédit de TVA et c'est l'État qui vous doit de l'argent.

Les principaux taux de TVA

Les prestations de restauration, qu'elles soient consommées sur place ou à emporter, sont soumises au taux réduit de TVA à 7 %. Ce taux, pratiqué depuis le 1er janvier 2012, est susceptible d'être remis en cause en 2013. Voici les autres principaux produits dont la vente est soumise à ce taux réduit de 7 % :

* les hébergements en hôtel ou camping ;
* le transport de voyageurs ;
* les travaux dans les logements ;
* certains produits culturels (musées, cinéma, expositions, monuments, etc.) ;
* les médicaments non remboursables.

Les produits bénéficiant du taux réduit à 5,5 % sont les produits considérés de première nécessité. Voici la liste de ces principaux produits :

* les produits alimentaires (sauf le chocolat, les confiseries, le caviar, les matières grasses animales, taxés à 19,6 %) ;
* les repas dans les cantines scolaires ;
* les équipements et services pour handicapés ;
* les abonnements de gaz et d'électricité ;
* les livres ;
* les spectacles vivants (sauf ceux produits dans des établissements de consommation de boissons ou de repas, taxés à 19,6 %).

Tous les autres produits sont soumis au taux normal de TVA à 19,6 %. C'est le cas notamment de la vente de boissons alcoolisées.

Il existe un taux super-réduit de 2,1 %, réservé aux médicaments remboursables et aux publications de presse.

À savoir

Une subtilité : un aliment ou une boisson non alcoolisée, vendu à emporter, est-il soumis au taux de 5,5 % ou 7 % ? Le législateur introduit la notion de produits alimentaires destinés à une consommation immédiate, même s'ils ne sont pas consommés dans le lieu de vente. Ces produits sont taxés au taux de 7 %. Mais si les produits sont conditionnés dans des contenants permettant leur conservation, donc une consommation différée, le taux de TVA applicable est de 5,5 %. Par exemple, la vente d'une boisson dans un gobelet ou une tasse sera taxée au taux de 7 %, alors que la vente d'une boisson conditionnée dans une bouteille, une cannette ou une brique bénéficiera du taux de TVA à 5,5 %.

L'impôt sur les bénéfices

Si votre entreprise réalise un bénéfice, elle est imposée sur le montant de celui-ci.

Impôt sur le revenu ou impôt sur les sociétés ?

Il existe deux grands régimes d'imposition des bénéfices : soit ils sont imposés à l'impôt sur le revenu (IR), dans la catégorie BIC (bénéfices industriels et commerciaux) ; soit ils sont imposés à l'impôt sur les sociétés (IS).

Le principe de base est que **l'entrepreneur individuel** porte les bénéfices issus de son activité professionnelle dans sa déclaration à l'IR, alors qu'une activité exploitée sous forme de **société** voit les bénéfices engendrés par cette activité imposés à l'IS.

Mais dans la réalité, certaines formes de sociétés soumettent les associés à l'impôt sur le revenu :

- l'associé unique d'une EURL ;
- chaque associé d'une SNC, pour sa part de bénéfice.

Ces associés ont la possibilité d'opter pour l'IS, mais cette option est irrévocable (pas de possibilité de revenir à l'IR).

En outre, un entrepreneur individuel qui a choisi de déclarer un patrimoine d'affectation est un EIRL et en tant qu'entrepreneur individuel, il est normalement soumis à l'IR. Il peut opter pour l'IR, mais là encore cette option est irrévocable.

Enfin, les associés d'une SARL de famille peuvent opter pour l'IR, option révocable une fois. Dans une SARL de famille, tous les associés sont membres d'une même famille : parents en ligne directe (enfants, parents, grands-parents), frères et sœurs, conjoints, personnes liées par un pacs.

Calcul de l'impôt sur les bénéfices

Le bénéfice de l'entreprise (chiffre d'affaires – charges) va être taxé différemment suivant qu'il est soumis à l'IR ou à l'IS.

Lorsqu'il est soumis à l'IR, le bénéfice est une composante des différents revenus de la personne. La somme de tous ces revenus est imposée selon un barème par tranche et si les revenus sont importants, le taux d'imposition peut être élevé. Voici les barèmes par tranche (et par part, qui dépend du nombre de personnes dans le foyer fiscal) pour les revenus perçus en 2012 :

- jusqu'à 5 963 euros : 0 % ;
- de 5 964 euros à 11 896 euros : 5,50 % ;
- de 11 897 euros à 26 420 euros : 14 % ;
- de 26 421 euros à 70 830 euros : 30 % ;
- de 70 831 euros à 150 000 euros : 41 % ;
- de 150 001 euros à 1 000 000 d'euros : 45 % ;
- au-delà de 1 million d'euros : 75 % (mais seulement pour les revenus d'activité).

L'IS est, lui, de 33,33 % du bénéfice. C'est le taux normal. Il est réduit à 15 % sur les 38 120 premiers euros de bénéfice à la double condition que :

- le chiffre d'affaires HT annuel de l'entreprise ne dépasse pas 7 630 000 euros ;

- le capital ait été entièrement versé par les associés.

La contribution économique territoriale

La contribution économique territoriale (CET) a remplacé la taxe professionnelle, supprimée le 1er janvier 2010. Elle est constituée de deux cotisations :

- la cotisation foncière des entreprises ;

- la cotisation sur la valeur ajoutée des entreprises.

Chacune de ces deux cotisations se calcule selon des règles différentes. La première est fonction d'un taux décidé par chaque commune, tandis que la seconde est égale à 1,5 % de la valeur ajoutée[1] produite par l'entreprise. Elle n'est pas due par les entreprises réalisant un chiffre d'affaires inférieur à 152 500 euros. Son montant bénéficie de différents plafonnements et dégrèvements.

Le régime fiscal du réel normal

C'est le régime fiscal auquel sont soumises toutes les entreprises, à moins qu'elles puissent choisir un régime simplifié. Pour cela, elles doivent réaliser un chiffre d'affaires annuel inférieur à 777 000 euros HT.

---

1. Pour rappel, la valeur ajoutée est égale au chiffre d'affaires réalisé diminué des achats de biens et charges déductibles.

Quelles conséquences pour la TVA ?

Vous devez établir chaque mois une déclaration de TVA dans laquelle vous reportez le montant des ventes que vous avez réalisées le mois précédent et la TVA collectée sur ces ventes, ainsi que toutes les déductions auxquelles vous avez droit (les différents montants de TVA déductibles sur vos achats), puis vous calculez la TVA à payer. Vous devez régler cette TVA à payer en même temps que l'envoi de la déclaration.

Lorsque le montant exigible annuellement ne dépasse pas 4 000 euros, vous pouvez choisir de n'établir que des déclarations trimestrielles.

Quelles conséquences pour la tenue de la comptabilité ?

Ce régime impose de tenir une comptabilité complète et régulière. Cela consiste notamment à :

- procéder à l'enregistrement comptable chronologique des mouvements affectant le patrimoine de l'entreprise, avec la tenue d'un livre journal et d'un grand-livre ;
- procéder à un inventaire au moins une fois tous les douze mois ;
- établir des comptes annuels comprenant un bilan, un compte de résultat et des annexes.

Le régime fiscal du réel simplifié

Si votre chiffre d'affaires annuel ne dépasse pas 777 000 euros HT, vous pouvez opter pour le régime du réel simplifié.

Quelles conséquences pour la TVA ?

Avec le régime de TVA au réel simplifié, l'entreprise reçoit un échéancier avec des acomptes à payer chaque trimestre, calculés à partir de la TVA payée l'année précédente. Début mai de l'année suivante, l'entreprise calcule le montant réel de la TVA à payer pour l'année écoulée et verse le reliquat éventuel. Toutefois, une entreprise peut choisir d'adopter le régime du réel normal pour sa TVA. Elle continue de faire partie du régime réel simplifié, mais déclare sa TVA au réel normal (voir la TVA du régime réel normal ci-dessous). On dit que cette entreprise est au régime du « mini-réel ».

Quelles conséquences pour la tenue de la comptabilité ?

Les sociétés doivent de toute façon tenir une comptabilité normale. En revanche, les entreprises individuelles peuvent tenir une comptabilité « super-simplifiée », qui consiste à :

- ne tenir, en cours d'exercice, qu'une comptabilité de trésorerie (encaissements et règlements) ;

- enregistrer les créances et les dettes uniquement à la clôture de l'exercice (un exercice = un an) ;

- établir à la clôture de l'exercice un bilan et un compte de résultat simplifiés.

Le régime fiscal de la micro-entreprise

Vous pouvez opter pour ce régime si vous avez choisi la forme juridique d'entreprise individuelle (pas de société donc), et que le chiffre d'affaires annuel de votre entreprise de restauration ne dépasse pas 81 500 euros HT.

Lorsque vous êtes auto-entrepreneur, c'est obligatoirement votre régime fiscal.

Quelles conséquences pour la TVA ?

Une entreprise au régime micro ne facture pas de TVA : on parle de « franchise en base de TVA ». Vous devez indiquer sur vos factures la mention « TVA non applicable, article 293 B du CGI ».

Quelles conséquences pour la tenue de la comptabilité ?

Les obligations comptables de la micro-entreprise sont très réduites : il suffit en pratique de tenir un cahier des recettes et un cahier des dépenses, et de conserver tous les justificatifs.

Les recettes sont détaillées par journée, en distinguant les encaissements en espèces des autres règlements. Les achats sont détaillés et les modes de règlement sont indiqués.

Le recours à un comptable n'est pas obligatoire.

Quelles conséquences pour l'imposition des bénéfices ?

Le micro-entrepreneur porte dans sa déclaration de revenus (IR) le montant de son chiffre annuel brut. L'administration fiscale applique sur ce montant un abattement forfaitaire pour frais professionnels de 71 % (activités de ventes de biens et restauration).

Si votre revenu fiscal est inférieur à un certain montant (26 420 euros pour une personne seule en 2010), vous avez la possibilité d'opter pour le système du versement fiscal libératoire : vous payez l'impôt sur les bénéfices en même temps que les cotisations sociales, en appliquant un pourcentage supplémentaire sur votre chiffre d'affaires de 1 %, dans les déclarations envoyées au Régime Social des Indépendants (RSI).

Quels sont les inconvénients ?

Vous ne collectez pas de TVA, mais vous ne pouvez pas non plus récupérer celle que vous avez payée sur vos achats. C'est un gros désavantage, l'achat de matières premières constituant un poste de charge très important pour un restaurant, sans parler des achats d'investissement.

Vous ne pouvez pas adhérer à un centre de gestion agréé, les entreprises relevant du régime micro-entreprise n'en ayant pas le droit. Or cela offre de nombreux avantages :

- aide à la comptabilité et à la gestion ;

- établissement des déclarations fiscales ;

- avantages fiscaux très intéressants pour les entreprises soumises à l'IR.

Adhérer à un centre de gestion agréé est donc particulièrement conseillé.

À savoir

Attention : un auto-entrepreneur ne bénéficie pas du droit au renouvellement du bail commercial. Pour pouvoir en bénéficier, il doit s'immatriculer au RCS (ou au Registre des Métiers s'il est artisan).

QUIZ

1. Si vous choisissez de créer une entreprise individuelle, indiquez la seule phrase exacte :
a) Vos biens personnels sont protégés, car l'entreprise a son propre patrimoine.
b) Vous pouvez protéger tous vos biens personnels en faisant une déclaration d'insaisissabilité.
c) Vous pouvez protéger vos biens personnels en déclarant un patrimoine d'affectation dans le cadre du statut d'EIRL.

2. Indiquez la phrase qui caractérise le régime de l'auto-entrepreneur :
a) C'est une forme juridique différente de l'entreprise individuelle.
b) C'est une entreprise individuelle avec des règles simplifiées car destinée à une petite activité professionnelle.
c) C'est une entreprise individuelle dont le chiffre d'affaires annuel ne doit pas dépasser 777 000 euros.

3. Le type de société pour lequel le nombre d'associés doit être au minimum de sept est :
a) La Société à responsabilité limitée (SARL).
b) La Société en Nom Collectif (SNC).
c) La Société Anonyme (SA).

4. Indiquez le type de société pour lequel un capital minimum est fixé par la loi :
a) La Société Anonyme (SA).
b) La Société par Actions Simplifiée (SAS).
c) La Société à Responsabilité Limitée (SARL).

5. Vous avez décidé de créer une SARL en vous associant avec deux amis. Le principe concernant votre responsabilité est que :
a) Vous êtes solidairement responsables sur vos biens personnels.
b) Votre responsabilité est limitée au montant de vos apports en capital.
c) Votre responsabilité est limitée à deux fois le montant de vos apports en capital.

.../...

6. Indiquez une formalité qui n'a pas lieu d'être à la création d'une société :
a) Rédaction des statuts de la société.
b) Publicité dans un journal d'annonces légales.
c) Déclaration d'insaisissabilité.

7. Vous souhaitez entreprendre seul. Indiquez la forme juridique qui n'est pas adaptée :
a) L'Entreprise Unipersonnelle à responsabilité Limitée (EURL).
b) La Société en Nom Collectif (SNC).
c) L'entreprise individuelle.

8. Une entreprise a collecté 1 000 euros de TVA auprès de ses clients. Elle a payé 300 euros de TVA à ses fournisseurs. Indiquez la phrase exacte :
a) Elle doit verser 700 euros à l'État.
b) Elle doit verser 1 000 euros à l'État.
c) Elle doit verser 1 300 euros à l'État.

9. Vous êtes l'associé d'une EURL et vous n'avez pas opté pour une autre imposition des bénéfices que celle par défaut. Indiquez comment sera taxé votre bénéfice de 10 000 euros :
a) Il sera soumis à l'impôt sur le revenu, catégorie BIC.
b) Il sera soumis à l'impôt sur les sociétés au taux de 15 %.
c) Il sera soumis à l'impôt sur les sociétés au taux de 33,33 %.

10. Votre entreprise bénéficie du régime fiscal du réel simplifié. Indiquez la phrase exacte :
a) Elle ne peut pas être une société.
b) Elle ne peut pas réaliser un chiffre d'affaires supérieur à 81 500 euros.
c) Elle ne peut pas réaliser un chiffre d'affaires supérieur à 777 000 euros.

4

CHIFFRER VOTRE PROJET

Vous avez désormais une idée précise de votre projet de restaurant. La question clé qui se pose alors est la suivante : votre projet est-il viable ? Autrement dit, sera-t-il rentable et vous permettra-t-il de vous assurer des revenus pour l'avenir ?

Il est donc impératif de chiffrer votre projet et de faire des prévisions financières pour vous assurer de sa viabilité et de sa pérennité. En outre, ces prévisions financières vous seront demandées par votre organisme bancaire si vous devez recourir à un emprunt.

Les différentes projections financières que vous devez construire sont présentées dans le tableau ci-après. N'hésitez pas à faire appel à un expert-comptable pour vous assister dans ce travail.

Document à établir	Questions auxquelles le document va répondre
Le plan de financement initial	Combien votre projet de restaurant va-t-il coûter ? De quelles ressources disposez-vous pour financer ce projet ? Devrez-vous emprunter ?
Le compte de résultat prévisionnel sur trois ans	Votre projet permet-il de dégager un bénéfice ? Quels seront vos bénéfices des trois premières années ?
Le plan de trésorerie sur un an	Aurez-vous toujours de l'argent disponible en quantité suffisante pour régler vos dépenses au moment où elles devront l'être ?

.../...

Document à établir	Questions auxquelles le document va répondre
Le plan de financement sur trois ans	Après le démarrage de votre activité, la structure financière de votre entreprise va-t-elle évoluer favorablement ?
Le seuil de rentabilité	Quel sera le chiffre d'affaires minimal que vous devrez impérativement réaliser pour couvrir toutes vos charges et ne pas faire de perte ? Quel sera le nombre de couverts à servir pour réaliser ce chiffre d'affaires minimal ?

Établir le plan de financement initial

Définition

Pour vous installer et disposer d'un restaurant « prêt à fonctionner », vous allez devoir faire de nombreuses dépenses, notamment pour :

- disposer d'un local et l'aménager ;

- équiper la cuisine et la salle ;

- faire face aux premières dépenses d'exploitation (acheter les premiers stocks, payer les premiers salaires) avant que votre activité puisse couvrir ces charges.

En pratique

Les professionnels du secteur estiment qu'il faut prévoir un budget moyen de 2 300 € à 4 600 € HT par place. Par exemple, un restaurateur souhaitant ouvrir un restaurant de cinquante places doit prévoir un budget de départ d'environ 115 000 € à 230 000 €. C'est une fourchette moyenne et certains restaurateurs réussissent à démarrer leur activité avec un budget beaucoup moins important.

Pour financer toutes ces dépenses, vous devez trouver ou apporter l'argent nécessaire.

Le plan de financement doit donc présenter d'une part toutes les dépenses nécessaires pour démarrer votre activité, et d'autre part toutes les ressources financières dont vous disposez ou disposerez pour payer ces dépenses. C'est un document indispensable, car il est rare qu'un créateur d'entreprise dispose de l'intégralité des ressources pour démarrer son activité. Il doit en général faire appel à des ressources externes, notamment auprès des banques. Celles-ci exigeront ce document pour étudier sa demande.

Présentation

Il se divise en deux colonnes : à gauche, celle des BESOINS, qui liste et chiffre toutes les dépenses, et à droite, celle des RESSOURCES, qui liste et chiffre tous les financements. Les deux colonnes doivent avoir un total identique, car les besoins doivent être financés par des ressources.

Prenons l'exemple de Joséphine et de Grégoire, qui souhaitent ouvrir un restaurant traditionnel, Le Jardin de Joséphine, sur le thème des recettes d'autrefois.

Plan de financement initial du Jardin de Joséphine			
Besoins		**Ressources**	
	Montant		Montant
Frais d'établissement	5 000	Capital	95 000
Acquisition du pas-de-porte	50 000	Emprunts	74 000
Dépôt de garantie bail	4 000		
Travaux d'aménagement et de décoration	50 000		
Matériel technique de cuisine	22 000		
Mobilier de salle	18 000		
Vaisselle et linge de table	9 000		
Équipement informatique	2 000		
Besoin en fonds de roulement	9 000		
Total des besoins	169 000	Total des ressources	169 000

Quels sont les besoins au démarrage ?

Ce sont tous les investissements qui vont vous permettre de disposer d'un restaurant « prêt à fonctionner ». N'entrent pas dans les besoins les dépenses qui relèvent du fonctionnement quotidien du restaurant : achats de matières premières, frais d'électricité et de téléphone, salaires, etc.

Les frais d'établissement

Ils comprennent les honoraires des conseils juridiques, les frais de constitution de l'entreprise.

Joséphine et Grégoire ont fait appel à un expert-comptable pour les aider dans la constitution de leur dossier financier, ainsi qu'à un conseil juridique pour les aider dans la rédaction des statuts de leur SARL.

Les investissements liés au local

Entrent dans ces besoins l'acquisition du pas-de-porte ou l'achat du fonds de commerce suivant la solution choisie. Le dépôt de garantie correspond à la somme versée au bailleur garantie lors de la conclusion du bail commercial. Les travaux d'aménagement et de décoration du local et de sa façade doivent être chiffrés, et font partie des investissements de départ, souvent importants.

Joséphine et Grégoire ont acheté un pas-de-porte pour un montant de 50 000 euros et prévoient des travaux d'aménagement et de décoration pour un montant de 50 000 euros.

Les différents équipements

Si vous avez acheté un fonds de commerce déjà équipé de tout le matériel de cuisine, du mobilier de la salle, des différentes fournitures que sont la vaisselle, la verrerie et le linge de table, ces investissements seront moins importants que dans le cadre d'un aménagement neuf ou d'une rénovation.

Après une visite au salon Équip'Hôtel et l'étude des devis de différents fournisseurs, Joséphine et Grégoire ont estimé leurs achats d'équipements pour la cuisine à 22 000 euros, le mobilier pour la salle de restaurant à 18 000 euros et la vaisselle et le linge de table à 9 000 euros. Ils envisagent de s'équiper en matériel et logiciels informatiques pour 2 000 euros.

Le besoin en fonds de roulement (BFR)

Le BFR représente la trésorerie dont votre entreprise doit disposer en permanence pour fonctionner sans être à découvert. Il est en effet nécessaire d'acheter un stock de matières premières avant même de commencer à encaisser des recettes. De plus, même si les clients paient en général comptant et non pas à crédit, l'argent n'est pas forcément immédiatement sur le compte bancaire de l'entreprise, particulièrement si les clients paient en titres-restaurants. Bien sûr, les fournisseurs peuvent faire crédit, mais souvent les restaurateurs achètent au comptant une partie de leurs denrées (au marché, chez Metro, etc.).

À savoir

D'après la Fédération des Centres de Gestion Agréés, le BFR de la profession est estimé à onze jours de chiffre d'affaires hors taxes.

Joséphine et Grégoire ont évalué leur chiffre d'affaires journalier à 840 euros environ (voir plus loin). Le BFR est donc estimé à onze fois le chiffre d'affaires journalier, soit 9 240 euros.

Quelles peuvent être les ressources ?

Les ressources doivent permettre de financer les besoins. Attention : elles doivent être stables, ce qui signifie qu'elles doivent être mises à disposition de votre entreprise pour une durée relativement longue (plus d'un an). Vous ne pouvez logiquement financer des besoins durables avec des ressources de courte durée : un découvert bancaire (courte durée) ne peut financer l'achat d'équipements de cuisine (besoin de longue durée).

Les apports personnels

Aussi appelés « fonds propres », il s'agit des sommes d'argent apportées par le créateur et ses associés dans le cas d'un statut juridique de société. Ces apports personnels constituent le capital de l'entreprise. Dans le cas d'une entreprise individuelle, on parle d'apport de l'exploitant.

Dans l'exemple du Jardin de Joséphine, Grégoire a apporté 50 000 euros de capital et Joséphine 45 000 euros. Dans le cas (souhaitable !) où l'entreprise générera des bénéfices, chacun aura une part de bénéfices proportionnelle à son apport : 50/95 pour Grégoire et 45/95 pour Joséphine.

Ces apports personnels sont indispensables pour donner de la crédibilité au projet et inspirer confiance aux tiers, fournisseurs et banquiers notamment. Le banquier n'accordera en général un prêt qu'à hauteur de l'engagement des créateurs, qui ne peuvent donc pas espérer emprunter plus que le montant de leurs apports personnels.

Les aides et subventions

Elles proviennent de l'État ou des collectivités locales. La CCI de votre région est votre interlocuteur privilégié pour connaître les différents dispositifs. Soyez néanmoins conscient que le déblocage des fonds peut intervenir de longs mois après le démarrage effectif de votre activité.

Certains organismes accordent également des prêts à des conditions très privilégiées par rapport à un prêt bancaire classique (prêt à la création d'entreprise avec OSEO, prêts d'honneur, etc.). La CCI vous indiquera si votre projet est susceptible d'en bénéficier.

Les emprunts bancaires

Le banquier va étudier très attentivement votre projet. Les conditions favorables à l'octroi d'un prêt bancaire sont réunies si vous présentez un projet solide, chiffré et documenté, que vous justifiez d'une bonne formation ou d'une expérience avérée du métier, et que vous faites un apport personnel d'un minimum de 50 % de l'investissement. Le banquier étudiera attentivement dans votre dossier le chiffre d'affaires prévisionnel et le bénéfice attendu, car ils traduisent la capacité de votre activité à rembourser l'emprunt.

Dans l'exemple du Jardin de Joséphine, les deux créateurs ont inspiré confiance au banquier, du fait de leur formation (Brevet Professionnel Cuisine pour l'un, BTS art culinaire, art de la table et du service pour l'autre) et de leur expérience respective de plusieurs années dans différents établissements. Ils ont obtenu un prêt de 74 000 euros, sur sept ans, au taux de 7 %, dont voici le tableau d'amortissement simplifié :

Année	Annuité	Intérêts	Amortissement	Capital restant dû
1	13 730,94	5 180,00	8 550,94	65 449,06
2	13 730,94	4 581,43	9 149,51	56 299,55
3	13 730,94	3 940,97	9 789,97	46 509,58
4	13 730,94	3 255,67	10 475,27	36 034,31
5	13 730,94	2 522,40	11 208,54	24 825,77
6	13 730,94	1 737,80	11 993,14	12 832,63
7	13 730,91	898,28	12 832,63	0,00

Le montant emprunté est de 74 000 euros : c'est le capital.

L'*annuité* est le montant que l'emprunteur versera chaque année à la banque. Cette annuité est ici la même pour chaque année de l'emprunt, on dit qu'elle est *constante*. Un emprunteur doit verser à la banque deux choses différentes : le remboursement d'une partie du capital, appelé *amortissement*, et des *intérêts* sur le capital restant à rembourser. Dans le cas d'un emprunt à annuités constantes, on rembourse peu de capital au départ et on paie beaucoup d'intérêts ; le processus s'inverse en fin d'emprunt.

Évaluer le chiffre d'affaires prévisionnel

Ce que vous allez vendre constituera vos recettes, qui vous permettront de payer vos charges, rembourser vos emprunts, racheter du nouveau matériel, etc. Évaluer votre chiffre d'affaires prévisionnel, c'est-à-dire le montant de vos ventes futures, s'avère donc fondamental.

Pour chiffrer le montant des ventes que vous estimez pouvoir réaliser durant une année, vous allez tenir compte de plusieurs paramètres :

- la capacité de votre restaurant ;
- le nombre de services que vous comptez faire par jour ;
- le taux de remplissage estimé ;
- le nombre de jours d'ouverture de votre restaurant ;
- le ticket moyen.

Déterminer la capacité du restaurant

La capacité du restaurant est le nombre de places, c'est-à-dire le nombre maximal de clients que vous pouvez accueillir en même temps.

À savoir

La réglementation de sécurité contre les risques d'incendie limite la capacité d'accueil, en fonction de la superficie de votre salle de restaurant : elle prévoit que vous ne pouvez pas installer plus d'une personne assise par mètre carré.

Le restaurant le Jardin de Joséphine dispose de trois tables de quatre personnes, de cinq tables de deux personnes et de deux tables de six personnes. Sa capacité est donc de trente-quatre places.

Calculer le nombre moyen de couverts servis par jour

Le nombre de couverts que vous pouvez servir par jour est limité par la capacité de votre restaurant, mais aussi par le nombre de services que vous estimez pouvoir assurer.

Le Jardin de Joséphine assure deux services à midi et un service le soir. Le nombre maximal que ce restaurant peut servir s'élève à trente-quatre fois trois, soit cent deux couverts journaliers. Cependant, ce nombre est un maximum, car il est difficile d'envisager un taux de remplissage de 100 %. Un taux de remplissage de 100 % revient à considérer que toutes les places sont occupées à tous les services. Ce n'est bien sûr pas réaliste car vos clients ne viennent pas forcément par groupe de deux, quatre ou six, et vous ne pouvez espérer faire le plein en permanence. Vous devez donc appliquer à ce nombre de couverts journalier un taux de remplissage moyen. Le taux de remplissage moyen que Joséphine et Grégoire ont retenu est de 50 %. Le nombre moyen de couverts servis par jour est donc de $102 \times 0,5$, soit cinquante et un couverts.

Ce calcul est à adapter en fonction de la clientèle que vous ciblez. S'il s'agit de touristes, votre taux de remplissage sera plus élevé pendant les périodes de vacances. De même, vous pouvez affiner votre estimation en différenciant les jours de semaine du week-end, si vous ciblez une clientèle de bureau. L'implantation dans un lieu touristique vous amènera à tenir compte de la saisonnalité.

Il est bien sûr difficile d'estimer le taux de remplissage de votre restaurant tant qu'il n'a pas encore démarré. Si vous reprenez un fonds de commerce, le taux de remplissage moyen qui vous est fourni par le vendeur constitue un bon indicateur. Adoptez un taux de remplissage ne dépassant pas 50 % pour que votre estimation soit réaliste.

À savoir

Les restaurants traditionnels ont servi en moyenne cinquante couverts par jour en 2010, donnée qui n'a pas varié depuis 1989 (effectif moyen de quatre personnes) ; 60 % d'entre eux ont un chiffre d'affaires annuel inférieur à 160000 euros HT, 80 % à 330000 euros HT.

Calculer le nombre de couverts servis annuellement

Il vous faut à présent multiplier le nombre moyen de couverts servis par jour par le nombre de jours d'ouverture de votre établissement.

Le Jardin de Joséphine est fermé le dimanche et le lundi, ainsi que quatre semaines en octobre. Le nombre annuel de jours d'ouverture est donc de 5 × 48, soit deux cent quarante jours. Avec un nombre de cinquante et un couverts journaliers, le nombre moyen de couverts servis par an est de 240 × 51, soit douze mille deux cent quarante couverts.

Évaluer le ticket moyen

Le dernier paramètre nécessaire pour calculer le chiffre d'affaires annuel est le prix de vente TTC moyen d'un repas, appelé ticket moyen ou addition moyenne. Un restaurant en activité peut le calculer à partir des ventes qu'il a réalisées. Le restaurant de Joséphine et Grégoire étant encore à l'état de projet, ils vont calculer un ticket moyen théorique.

Le Jardin de Joséphine a un ticket moyen de 18 euros.

En pratique

Calcul du ticket moyen théorique

Voici une méthode simple pour calculer le ticket moyen théorique :

Faites la somme des prix de tous les plats, en excluant les entrées, les desserts, les boissons et les menus.

Divisez cette somme par le nombre de plats qui ont été pris pour effectuer cette somme.

Multipliez le résultat par deux.

Le prix ainsi calculé est le ticket moyen théorique.

Calculer le chiffre d'affaires prévisionnel TTC

On détermine le chiffre d'affaires prévisionnel en multipliant le nombre annuel de couverts servis par le ticket moyen.

Le chiffre d'affaires prévisionnel du Jardin de Joséphine s'élève donc à $12\,240 \times 18$, soit $220\,320$ euros TTC.

Calculer le chiffre d'affaires prévisionnel HT

Vous devrez reverser à l'État la TVA que vous collecterez sur vos ventes. Pour connaître le montant des recettes qui vous reviendra effectivement, vous devez donc calculer le chiffre d'affaires sans la TVA.

Vous connaissez votre chiffre d'affaires prévisionnel TTC. Comment trouver le montant HT à partir du montant TTC ? Tout d'abord, le taux de TVA pratiqué sur les prestations de restauration est actuellement de 7 %, mais s'élève à 19,6 % sur les boissons alcoolisées. Il faut donc isoler la part du vin dans le chiffre d'affaires prévisionnel TTC que vous avez déterminé.

À savoir

Une étude réalisée en 2011 par Coach Omnium, société spécialisée dans le conseil et les études marketing pour le tourisme, révèle que les dîners sont plus alcoolisés que les déjeuners. À midi, 51 % des consommateurs prennent de l'eau minérale (38 % le soir), 38 % du vin bouché (71 % le soir), 13 % du vin en pichet (13 % le soir). Les apéritifs sont commandés par 27 % des personnes lors du dîner contre 6 % à l'heure du déjeuner. La consommation de digestifs a presque disparu.

Pour faire simple, nous retiendrons cette statistique : la part du vin dans le chiffre d'affaires d'un restaurant traditionnel est d'environ 20 % (chiffre 2010, stable par rapport à 2009).

Le Jardin de Joséphine a un chiffre d'affaires TTC de 220 320 euros. La part du vin s'élève à 20 % de ce chiffre, soit 44 064 euros. La part de la nourriture est donc de 220 320 − 44 064, soit 176 256 euros.

Nous pouvons en déduire les chiffres d'affaires HT :

Sur le vin : 44 064/1,196 = 36 843 euros.

Sur la nourriture : 176 256/1,07 = 164 725 euros.

Le chiffre d'affaires total HT s'élève donc à 36 843 + 164 725, soit 201 568 euros.

Construire le compte de résultat prévisionnel sur trois ans

Le compte de résultat prévisionnel va retracer l'activité du restaurant durant chacune des trois premières années.

Il liste toutes les recettes encaissées par l'entreprise dans l'année et toutes les dépenses effectuées pendant cette même période. Les dépenses à inscrire dans le compte de résultat sont appelées **charges**.

La différence entre les recettes et les charges constitue le résultat, qui sera un bénéfice si vos recettes sont supérieures aux charges, et une perte dans le cas contraire. Établir vos comptes de résultats prévisionnels est donc capital pour constater si votre projet est rentable ou non.

Les recettes

Les recettes encaissées sont essentiellement les ventes facturées, c'est-à-dire le chiffre d'affaires HT.

Dans le cas du Jardin de Joséphine, les créateurs ont donc évalué à douze mille deux cent quarante le nombre de couverts servis la première année. Ils tablent sur une augmentation de 5 % de la fréquentation pour chacune des deux années suivantes. Le ticket moyen étant de 18 euros TTC, le ticket moyen HT s'élève à 16,50 euros. Voici le détail du chiffre d'affaires prévisionnel des trois premières années :

	Année 1	Année 2	Année 3
Nombre de couverts servis	12 240	12 852	13 495
Ticket moyen HT	16,50 €	16,50 €	16,50 €
Chiffre d'affaires	201 960 €	212 058 €	222 668 €

Les charges

Il s'agit de toutes les dépenses nécessaires au fonctionnement quotidien du restaurant : les achats de matières premières, le paiement des charges de personnel, les frais d'électricité, les assurances, etc. Contrairement aux dépenses d'investissement inscrites dans le plan de financement, elles sont consommées ou « détruites » : l'achat de serviettes en papier est une charge à inscrire dans le compte de résultat alors que la vaisselle et les nappes en tissu sont des investissements à inscrire dans le plan de financement. Les principales charges d'un restaurant sont les matières premières et les charges de personnel.

Matières premières

Le ratio habituel de la profession évalue le coût des matières premières entre 25 % et 35 % du chiffre d'affaires. Joséphine et Grégoire ont estimé le coût des matières premières à 30 % du chiffre d'affaires.

Personnel

Dans le projet, il est prévu d'embaucher une personne pour seconder Grégoire à la cuisine, Joséphine s'occupant de la salle. Ils ont donc calculé le coût du personnel sur la base de trois salaires, avec un salaire brut moyen de 1 600 euros. Les charges de personnel comprennent les salaires, mais aussi les charges patronales, qui s'élèvent à 40 % des salaires bruts environ. Le montant des charges de personnel par an va donc s'élever à : 1 600 euros × 3 salariés × 1,40 (charges patronales) × 12 mois, soit 80 640 euros.

Autres charges

Elles sont multiples :

* le loyer du local ;
* les impôts et taxes (autres que l'impôt sur les bénéfices) ;
* les honoraires du comptable ;
* les assurances ;
* l'eau, le gaz, l'électricité, les frais de téléphone et d'Internet ;
* le blanchissage et les frais d'entretien ;
* les diverses fournitures ;

- les frais de transport pour assurer les achats de matières premières ;
- les droits d'auteur à verser à la SACEM, en cas de diffusion de musique dans le restaurant ;
- les intérêts des emprunts.

Il faut également prévoir de la **publicité** et de la communication, qu'il est raisonnable d'estimer à 4 % du chiffre d'affaires la première année, puis de 1 % à 2 % les années suivantes.

L'encaissement par **carte bancaire** engendre des charges : location du terminal de paiement électronique et versement de commissions à la banque. Le banquier prélève une commission sur les encaissements, qui devrait être d'environ 0,32 % du montant des ventes. L'Autorité de la concurrence a en effet contesté le montant des commissions bancaires imposées aux commerçants dans sa décision du 7 juillet 2011, les jugeant excessives. Le Groupement des cartes bancaires s'est donc engagé à les diminuer.

L'encaissement de **titres-restaurants** génère lui aussi une commission, à régler à la Centrale de Règlement des Titres. Joséphine et Grégoire ont évalué la part de ce mode de paiement à 20 % de leur chiffre d'affaires, avec un coût moyen de 2 %.

Une autre charge peut exister : les **redevances de crédit-bail**. Ce dernier désigne une solution de location longue durée des équipements, avec possibilité de rachat en fin de contrat. Les équipements financés par crédit-bail sont choisis par l'entreprise, mais c'est la société de crédit-bail qui en est propriétaire.

Un autre poste de charge concerne la **dotation aux amortissements**, qui correspond à l'usure prévisible des différents équipements : c'est un montant mis de côté en prévision du renouvellement des équipements usés. Par exemple, on inscrira 2 000 euros comme dotation aux amortissements pour un équipement que l'on achète 10 000 euros et que l'on prévoit d'utiliser cinq ans.

Parce que les amortissements sont inscrits en charges, ils viennent en déduction du bénéfice imposable et leur calcul est très encadré fiscalement. Ils ne concernent que les biens que l'entreprise a achetés et qui sont susceptibles de se déprécier par l'usure ou le temps :

* les aménagements, équipements professionnels et le mobilier s'amortissent sur dix ans, ce qui signifie que vous inscrivez en charge 1/10 de la valeur de ces investissements ;

* le matériel de transport s'amortit généralement sur quatre ou cinq ans ;

* le matériel informatique sur trois ou quatre ans ;

* les frais d'établissement s'amortissent sur trois ans ;

* le pas-de-porte et le fonds de commerce ne s'amortissent pas.

Présentation

Il existe différentes formes de présentation du compte de résultat : en tableau ou en liste.

Voici la présentation classique, sous la forme d'un tableau à deux colonnes :

Comptes de résultat prévisionnels sur 3 ans						
	Année 1	Année 2	Année 3		Année 1	Année 2	Année 3
Liste des charges :				Chiffre d'affaires HT			
Total des charges				Total des produits			
Bénéfice				Perte			
TOTAL GÉNÉRAL				TOTAL GÉNÉRAL			

Et voici la présentation sous forme de liste, choisie par Joséphine et Grégoire :

Comptes de résultat prévisionnels sur 3 ans			
	Année 1	**Année 2**	**Année 3**
Nombre de couverts servis	12 240	12 852	13 495
Ticket moyen HT	16,50	16,50	16,50
Chiffre d'affaires HT	201 960	212 058	222 668
Matières premières	60 588	63 617	66 800
Énergie	2 800	3 000	3 300
Eau	800	800	800
Fournitures	7 500	7 600	7 700
Entretien et réparations	2 000	2 000	2 000
Primes d'assurances	1 000	1 000	1 000
Honoraires du comptable	2 000	2 000	2 000
Publicité	8 000	4 000	4 000
Frais de transport	1 000	1 000	1 000
Télécommunications	500	500	500
Frais bancaires	1 200	1 250	1 300
Frais titres-restaurants	880	920	970
Impôts et taxes	500	500	500
Charges de personnel	80 640	80 640	80 640
Redevance SACEM	400	400	400
TOTAL des charges d'exploitation	169 808	169 227	172 910
Résultat brut d'exploitation	32 152	42 831	49 758
Loyers	14 400	14 400	14 400
Intérêts des emprunts	5 180	4 580	3 940
Dotations aux amortissements	11 400	11 400	11 400
Résultat courant avant impôt	1 172	12 451	20 018

On constate que par la différence entre les produits (le chiffre d'affaires) et toutes les charges, le restaurant devrait dégager un bénéfice chacune des trois premières années de son activité, puisque le résultat courant avant impôt est positif. Cette présentation du compte de résultat met en valeur deux sortes de résultats :

- Le résultat brut d'exploitation exclut toutes les charges liées aux choix d'investissement et de financement, et met en évidence la capacité du restaurant à dégager des bénéfices indépendamment de ces choix.

- Le résultat courant avant impôt tient compte des choix d'investissement (achat des murs ou bail commercial, importance de la dotation aux amortissements, redevances de crédit-bail s'il y en a) et des choix de financement (intérêts des emprunts).

Établir le plan de trésorerie

Pourquoi l'établir ?

La cause majeure de la disparition d'une entreprise au cours de sa première année d'activité est un problème de trésorerie. **Le piège est de confondre trésorerie et bénéfice.** Dans un restaurant en activité, les clients paient comptant alors que les fournisseurs peuvent être réglés à crédit (à trente ou soixante jours), ce qui gonfle artificiellement la trésorerie et donne au restaurateur l'illusion que son restaurant « marche » bien. Ce n'est qu'une impression cependant, car les charges seront à payer. En d'autres termes, ce n'est pas parce que vous prévoyez un bénéfice la première année, que vous êtes à l'abri d'un découvert au cours de cette période. Or les découverts coûtent cher et peuvent faire courir un risque à votre entreprise.

C'est pourquoi il faut établir un plan de trésorerie, qui vous permettra de connaître la trésorerie dont vous disposerez sur votre compte bancaire et d'anticiper les découverts. Un plan de trésorerie est un tableau dans lequel vous allez inscrire tous les encaissements et les décaissements prévus **chaque mois** de la première année d'activité.

Comment procéder ?

Le plan de trésorerie se présente sous la forme d'un tableau composé de douze colonnes, une par mois de l'année : on inscrit chaque entrée d'argent et chaque sortie d'argent dans la colonne correspondant au mois où elle doit se produire. On en déduit le solde de trésorerie en fin de mois avec lequel on débute le mois suivant. Voici les premiers éléments du plan de trésorerie du Jardin de Joséphine, en faisant l'hypothèse que les effets de la publicité et de la communication seront progressifs, donc que la fréquentation durant les trois premiers mois d'activité sera peu élevée :

Plan de trésorerie prévisionnel				
	Janvier	Février	Mars	Etc.
Solde de trésorerie en début de mois (en + ou en –)	0	56 800	3 200	
ENCAISSEMENTS (TTC) Encaissements d'exploitation : Ventes encaissées Encaissements hors exploitation : Apport en capital Emprunts Aides et subventions	 9 000 95 000 74 000 	 12 000 	 18 000 	
Total des encaissements	178 000	12 000	18 000	

.../...

Plan de trésorerie prévisionnel			
DÉCAISSEMENTS (TTC)			
<u>Décaissements d'exploitation</u> :			
Règlements des fournisseurs (matières premières, fournitures, services…)	6 200	8 600	8 900
Paiement du loyer	1 200	1 200	1 200
Paiement des salaires	4 800	4 800	4 800
Paiement des charges sociales	0	0	0
Paiement des impôts	0	0	0
Paiement des charges financières	0	0	0
<u>Décaissements hors exploitation</u> :			
Remboursement des emprunts	0	0	0
Règlements des investissements	109 000	51 000	0
Total des décaissements	121 200	65 600	14 900
Solde de trésorerie en fin de mois (en + ou en –)	56 800	3 200	6 300

À savoir

Si le plan de trésorerie met en évidence un solde de trésorerie négatif, il est impératif de revoir vos prévisions afin de combler cette insuffisance de trésorerie.

Après le démarrage de l'activité, le plan de trésorerie doit être complété en y intégrant les encaissements et les décaissements effectivement réalisés, afin de l'ajuster, et de veiller en permanence à ce que le solde de trésorerie ne passe pas dans le rouge sans anticipation.

Construire le plan de financement à trois ans

Le plan de financement établi au démarrage de l'activité reflète la structure financière de départ. Va-t-elle évoluer positivement ?

Le plan de financement à trois ans reprend, pour la première année, les éléments du plan de financement initial, en y ajoutant les éléments nouveaux survenus au cours de cette première année. Une ressource nouvelle est notamment apparue : l'activité du restaurant a dégagé un bénéfice, qui augmente les ressources existantes. Appelée **capacité d'autofinancement**, cette ressource nouvelle se calcule en ajoutant au bénéfice après impôt la dotation aux amortissements de l'année (qui peut être considérée comme une mise en réserve destinée à renouveler les investissements quand ceux-ci sont usés ou dépassés technologiquement).

Pour les années 2 et 3, ne sont portés dans le plan de financement que les nouveaux besoins apparus durant ces années, ainsi que les nouvelles ressources : capacité d'autofinancement de l'année, nouvel apport en capital, nouvel emprunt contracté, etc.

Plan de financement à trois ans du Jardin de Joséphine			
	Année 1	**Année 2**	**Année 3**
BESOINS DURABLES			
Frais d'établissement	5 000		
Acquisition du pas-de-porte	50 000		
Dépôt de garantie du bail	4 000		
Travaux d'aménagement	50 000		
Matériel technique de cuisine	22 000		
Mobilier de salle	18 000		
Vaisselle et linge	9 000		
Équipement informatique	2 000		
BFR	9 000		
Variation du BFR		450	470
Remboursement emprunt	8 550	9 150	9 790
Prélèvement exploitant			
Dividendes			
TOTAL DES BESOINS	177 550	9 600	10 260

.../...

Plan de financement à trois ans du Jardin de Joséphine			
RESSOURCES DURABLES Capital Capacité d'autofinancement Aides et subventions Emprunts	95 000 12 396 74 000	21 983	28 415
TOTAL DES RESSOURCES	181 396	21 983	28 415
RESSOURCES – BESOINS	3 846	12 383	18 155
SOLDE CUMULÉ	3 846	16 229	34 384

Nous constatons que la structure financière du Jardin de Joséphine doit évoluer favorablement, selon leurs prévisions.

Calculer la capacité d'autofinancement

La capacité d'autofinancement est la somme du bénéfice après impôt et de la dotation aux amortissements de l'année.

Pour calculer la capacité d'autofinancement des trois premières années, Joséphine et Grégoire ont repris les éléments du compte de résultat prévisionnel sur trois ans. Ce document indique le bénéfice courant avant impôt et la dotation aux amortissements pour chacune de ces trois années.

Pour obtenir le bénéfice après impôt (aussi nommé « résultat net »), il faut retirer au résultat courant avant impôt (calculé dans le compte de résultat) le montant de l'impôt sur les bénéfices. L'entreprise de Joséphine et de Grégoire est une société, soumise à l'IS, dont le taux normal est de 33,33 % du bénéfice. Mais il est réduit à 15 % lorsque le chiffre d'affaires de l'entreprise ne dépasse pas 7,63 millions d'euros, sur la tranche de bénéfice jusqu'à 38 120 euros (les bénéfices au-dessus de 38 120 euros sont soumis au taux de 33,33 %). Dans les comptes de résultat prévisionnels du Jardin de Joséphine, les chiffres d'affaires prévisionnels étant inférieurs à

7,63 millions d'euros et les bénéfices prévisionnels ne dépassant pas 38 120 euros, le taux réduit de 15 % s'applique.

Bénéfice après impôt de l'année 1 :

$$1\,172 \times (1 - 0{,}15) = 996 \text{ €}$$

Bénéfice après impôt de l'année 2 :

$$12\,451 \times (1 - 0{,}15) = 10\,583 \text{ €}$$

Bénéfice après impôt de l'année 3 :

$$20\,018 \times (1 - 0{,}15) = 17\,015 \text{ €}$$

On y ajoute la dotation aux amortissements de l'année, pour obtenir la capacité d'autofinancement :

Capacité d'autofinancement de l'année 1 :

$$996 + 11\,400 = 12\,396 \text{ €}$$

Capacité d'autofinancement de l'année 2 :

$$10\,583 + 11\,400 = 21\,983 \text{ €}$$

Capacité d'autofinancement de l'année 3 :

$$17\,015 + 11\,400 = 28\,415 \text{ €}$$

Déterminer la variation du besoin en fonds de roulement

Le BFR, déterminé en jours de chiffre d'affaires, va augmenter logiquement dans les mêmes proportions que le chiffre d'affaires. Joséphine et Grégoire ont basé leurs estimations sur une progression du chiffre d'affaires de 5 % par an. Le BFR va donc gonfler en conséquence, de $9\,000 \times 5\,\%$ en année 2, et de $9\,450 \times 5\,\%$ en année 3.

Reporter les remboursements d'emprunt

Les remboursements d'emprunt correspondent à la partie du capital emprunté qui est remboursée durant l'année. Les intérêts n'en font pas partie, ce sont des charges (inscrites dans le compte de résultat) qui diminuent le bénéfice, et donc la capacité d'autofinancement.

Calculer le seuil de rentabilité

Cette opération permet de répondre à une question fondamentale : quel chiffre d'affaires minimum devez-vous absolument réaliser pour ne pas subir de pertes ? Ce niveau de chiffre d'affaires est celui à partir duquel votre activité va commencer à faire des bénéfices. Pour trouver ce seuil, vous devez répartir les charges annuelles en deux catégories :

- les charges fixes, celles que votre restaurant doit obligatoirement assumer, qu'il y ait des clients ou pas dans votre restaurant ;
- les charges variables, qui sont proportionnelles au chiffre d'affaires que vous allez réaliser.

Distinguer les charges fixes des charges variables

Les charges fixes, indépendantes de l'activité, sont nombreuses, dont notamment :

- les loyers ;
- les charges de personnel majoritairement ;
- les primes d'assurance ;
- les honoraires du comptable ;
- les intérêts d'emprunt ;
- les dotations aux amortissements.

Les charges variables sont essentiellement les matières consommées : denrées et boissons. Une partie des diverses fournitures peut être considérée comme variables : on consommera d'autant plus d'énergie qu'il y a de plats à préparer.

À savoir

La répartition généralement pratiquée dans la profession est la
suivante :

Les matières premières consommées	Charges variables à 100 %
Les charges de personnel	Charges fixes à 100 % ; une partie peut être variable lorsque le personnel de salle est rémunéré au service (on dit aussi au pourcentage).
Les coûts d'occupation que sont le loyer, les redevances de crédit-bail, les intérêts d'emprunt, les dotations aux amortissements	Charges fixes à 100 %
Les autres charges, constituées par tous les frais généraux (énergie, fournitures diverses, etc.)	Charges variables pour 40 %, fixes pour 60 %

Joséphine et Grégoire répartissent les charges recensées
dans le compte de résultat prévisionnel de la première
année :

Charges	Montant	Charges fixes		Charges variables	
Matières premières	60 588 €	0 %	0	100 %	60 588 €
Charges de personnel	80 640 €	100 %	80 640 €	0 %	0
Frais généraux	28 580 €	60 %	17 148 €	40 %	11 432 €
Coûts d'occupation	30 980 €	100 %	30 980 €	0 %	0
TOTAL	200 788 €		128 768 €		72 020 €

Le montant des charges fixes s'élève donc à 128 768 euros et
celui des charges variables à 72 020 euros, pour un chiffre
d'affaires de 201 960 euros.

Calculer le taux de marge sur coûts variables

La marge sur coûts variables est la marge que dégage l'entreprise après avoir assumé les charges variables :

$$\text{Marge sur coûts variables} =$$
$$\text{Chiffre d'affaires} - \text{Charges variables}$$

Dans le cas du Jardin de Joséphine, la marge sur coûts variables est donc égale à 201 960 − 72 020, soit 129 940 euros.

Puisque les charges variables sont proportionnelles au chiffre d'affaires, on peut exprimer cette marge en pourcentage de chiffre d'affaires, en divisant la marge sur coûts variables par le chiffre d'affaires :

$$129\,940/201\,960 = 64{,}34\,\%$$

Ce qui signifie que pour 100 euros de chiffre d'affaires, le restaurant obtient une marge de 64,34 euros après déduction des charges variables.

Calculer le seuil de rentabilité

Le seuil de rentabilité est donc le niveau de chiffre d'affaires pour lequel le bénéfice est nul.

SR signifiant seuil de rentabilité, on a l'équation suivante :

$$\text{SR} - \text{Charges variables} - \text{Charges fixes} = 0$$

Nous avons vu que le chiffre d'affaires diminué des charges variables s'appelait « marge sur coûts variables », qui peut s'exprimer en pourcentage de chiffre d'affaires :

$$\text{SR} - \text{Charges variables} =$$
$$\text{Marge sur coûts variables} = 64{,}34\,\% \times \text{SR}$$

Reportons cette égalité dans l'équation du seuil de rentabilité :

$$64{,}34\,\% \times \text{SR} - \text{Charges fixes} = 0$$

On obtient donc la formule de calcul du seuil de rentabilité :

$$SR = \frac{\text{Charges fixes}}{\text{Taux de marge sur coûts variables en\%}}$$

Dans le cas du Jardin de Joséphine, le seuil de rentabilité est donc :

$$SR = \frac{128\,768}{0,6434} = 200\,137 \text{ €}$$

Il faut donc que Joséphine et Grégoire réalisent un chiffre d'affaires de 200 137 euros HT pour couvrir l'intégralité de leurs charges. Si leur chiffre d'affaires est inférieur, leur activité générera une perte. S'il est supérieur, elle commencera à engendrer un bénéfice.

Le seuil de rentabilité, ou chiffre d'affaires critique, est un indicateur pour confirmer que le projet est réaliste. Il est intéressant de le traduire concrètement en nombre de couverts à servir.

Calculer le seuil de rentabilité en nombre de couverts

Le seuil de rentabilité en nombre de couverts se déduit du seuil de rentabilité en euros, à partir du ticket moyen HT :

$$\text{Seuil de rentabilité en nombre de couverts} = \frac{\text{Seuil de rentabilité en euros}}{\text{Ticket moyen HT}}$$

Dans le cas du Jardin de Joséphine :

$$\text{Seuil de rentabilité en nombre de couverts} = \frac{201\,137}{16,50} = 12\,191$$

Il faut donc servir au minimum douze mille cent quatre-vingt-onze couverts dans l'année pour que les charges du restaurant soient couvertes.

QUIZ

1. Le plan de financement initial a pour objectif de :
a) présenter les besoins financiers au démarrage et les ressources financières correspondantes.
b) présenter mois par mois les encaissements et les décaissements d'argent de la première année pour s'assurer que l'entreprise ne sera pas à découvert.
c) présenter le résultat prévisionnel de la première année par la différence entre les ventes réalisées et toutes les charges du restaurant.

2. Si votre plan de financement fait ressortir que vos ressources ne sont pas suffisantes pour couvrir vos besoins, indiquez une solution possible :
a) Recourir au découvert bancaire.
b) Solliciter un prêt bancaire.
c) Augmenter le besoin en fonds de roulement.

3. Pour un restaurant réalisant un chiffre d'affaires journalier d'environ 600 euros, le besoin en fonds de roulement est estimé à :
a) 600 euros.
b) 6 600 euros.
c) 66 000 euros.

4. Votre salle de restaurant mesure cinquante mètres carrés. Votre capacité maximale est de :
a) 25 places assises.
b) 50 places assises.
c) 75 places assises.

5. Toutes les dépenses inscrites dans le compte de résultat s'appellent :
a) Les charges.
b) Les produits.
c) Les immobilisations.

6. Dans le plan de trésorerie, indiquez l'élément qui est un décaissement :
a) Un remboursement d'emprunt.
b) Un apport en capital.
c) Un emprunt.

.../...

7. La capacité d'autofinancement est égale :
a) Au bénéfice avant impôt auquel on ajoute la dotation aux amortissements.
b) Au bénéfice après impôt auquel on ajoute la dotation aux amortissements.
c) Au montant du capital auquel on ajoute la dotation aux amortissements.

8. Parmi ces différentes charges, indiquez celle qui est une charge variable :
a) L'assurance du restaurant.
b) Le chauffage du restaurant.
c) Les matières premières consommées.

9. Pour un chiffre d'affaires de 10 000 euros, des charges variables de 6 000 euros et des charges fixes de 3 000 euros, le taux de marge sur coûts variables s'élève à :
a) 30 %.
b) 40 %.
c) 60 %.

10. Avec les données de la question 9, le seuil de rentabilité est égal à :
a) 3 000 × 0,40.
b) 3 000/0,40.
c) 10 000/0,40.

Maximiser votre chiffre d'affaires et votre rentabilité

Comment procéder ?

Faire connaître votre restaurant

La publicité et divers moyens de communication vont vous aider à faire connaître votre restaurant, à attirer des clients et au final augmenter votre chiffre d'affaires.

Un restaurant étant en général une très petite entreprise, son budget de communication ne peut pas être très élevé. On estime que le budget publicitaire doit avoisiner 4 % du chiffre d'affaires la première année d'activité, puis représenter environ 2 % les années suivantes. La question est de savoir quelles seront les actions les plus efficaces dans le cas d'un restaurant.

L'importance du bouche-à-oreille

Selon une étude de la société Coach Omnium, pour choisir un restaurant qu'ils ne connaissent pas, les clients font d'abord confiance au bouche-à-oreille pour 58 %, puis à la devanture du restaurant pour 17 %, et 13 % se décident à la consultation de la carte. Le bouche-à-oreille est donc un moyen de communication très efficace. Les bonnes critiques sur les sites d'évaluation, de plus en plus consultés sur Internet, ont une visibilité très importante, mais vous devez être conscient que le bouche-à-oreille prend du temps à se mettre en place.

> **En pratique**
>
> ### Des avis d'internautes sur le restaurant La Tartine Mariolle
>
> Accueil chaleureux de la patronne. Les plats sont simples, mais avec de l'originalité (magret de canard sauce fruits rouges), les frites maison sont excellentes. Nous avons apprécié la glace au piment d'Espelette et au… chèvre. Bonne adresse.
>
> Accueil charmant, service attentionné, repas tout à fait correct.
>
> Accueil très sympathique et prévenant, produits excellents y compris le vin, la cuisine originale et goûteuse. Prix un peu élevés.

Parce que le bouche-à-oreille est primordial, le meilleur outil de promotion de votre restaurant est… le restaurant lui-même : l'accueil, l'ambiance qui y règne, la qualité du service et des plats, son agencement et sa décoration sont les atouts qui doivent vous assurer un bon taux de fréquentation.

Votre objectif de communication

Le bouche-à-oreille n'est souvent pas suffisant pour développer la clientèle, surtout au démarrage de l'activité, donc chercher à accroître sa notoriété en utilisant différents moyens de communication est pertinent. Cependant, communiquer ne signifie pas seulement informer les clients potentiels de votre existence. Vous devez donc réfléchir à votre objectif de communication : faire venir les familles le week-end, attirer les seniors, augmenter la fréquentation le soir, etc. Ainsi, votre thème de communication sera votre menu rapide à 10 euros si vous visez la clientèle pressée du midi plutôt que votre carte des vins… Définir votre objectif de communication constitue donc une étape clé avant de réfléchir aux moyens de communication pertinents.

Les moyens de publicité et de communication existants

La publicité consiste à communiquer sur votre restaurant et votre offre par l'intermédiaire d'un média. Cela peut se faire par de l'affichage, des spots à la radio ou à la télévision, ou encore un encart publicitaire dans la presse écrite.

L'affichage est un moyen efficace de faire connaître votre établissement et d'indiquer sa localisation.

En revanche, les spots sur une radio locale sont souvent inadaptés, car le message est éphémère ; ils ne permettent pas au client de mémoriser vos coordonnées. Les spots à la télévision ont un coût qui dépasse largement le budget d'un restaurant.

Un encart publicitaire dans la presse est un moyen intéressant pour vous faire connaître. Vous sélectionnerez le journal le plus adapté à la clientèle que vous ciblez : presse gratuite pour la restauration rapide, revues ou publications visant une clientèle privilégiée pour la restauration haut de gamme…

Pour toucher une clientèle d'entreprises, d'associations ou de collectivités locales, le recours au publipostage (mailing) ou à l'e-mailing est une bonne solution. Vous pouvez aussi vous déplacer et distribuer des plaquettes présentant votre restaurant.

Si vous ciblez une clientèle très locale, distribuer des tracts (nommés aussi « *flyers* ») à proximité de votre restaurant, contenant une offre incitative (apéritif ou café offert, etc.), aura un impact positif sur la fréquentation de votre restaurant.

À chaque occasion, donnez la carte de visite de votre restaurant. Et ne la laissez pas en distribution libre à côté de la caisse, où personne ne la voit jamais, mais faites en sorte qu'elle arrive jusque dans les mains de vos clients. Vous pouvez la donner avec l'addition, en disposer sur les tables. Votre carte doit être attrayante, avec un petit « plus » qui donnera envie de la conserver : une citation ou un mini-poème gastronomique, une recette d'une de vos spécialités…

Autre moyen de vous faire connaître : le parrainage (ou sponsoring). Il n'est en effet pas réservé aux grandes entreprises. Il consiste à apporter un soutien matériel ou financier à un organisme (association, club sportif) ou à une manifestation en contrepartie de la présence de votre nom. Un restaurant peut parrainer le club de football local… Votre image se trouvant associée aux valeurs de l'organisme ou de la manifestation que vous parrainez, choisissez ceux-ci en cohérence avec l'image que vous souhaitez promouvoir.

L'identité visuelle de votre restaurant sur les supports de communication

C'est au travers de votre identité visuelle que vos clients et futurs clients se forgent une image de votre restaurant. Votre identité visuelle, c'est un ensemble qui combine de façon cohérente votre nom, votre logo, votre charte graphique, des textes courts et accrocheurs pour faire de votre restaurant un lieu unique et caractéristique.

Cette identité visuelle va se retrouver sur tous vos supports de communication : plaquette, carte de visite, carte et menu, site Internet… La charte graphique et les couleurs propres à votre restaurant seront présentes partout où c'est possible : sur les tenues du personnel, sur les sets de table, dans le mobilier et la décoration du restaurant…

À moins que vous ne soyez un professionnel de la communication, il est préférable de vous adresser à une agence spécialisée, dont c'est le métier, pour concevoir votre identité visuelle et réaliser vos supports. La voie de la facilité ou de l'économie peut vous conduire à vous adresser directement à un imprimeur. Cela peut être une erreur, car l'imprimeur est concentré sur son métier de base, imprimer. Le travail de réflexion sur l'identité visuelle et le message à véhiculer risque d'être superficiel. Une agence de communication élaborera avec vous une véritable stratégie.

Une reconnaissance extérieure

Vous pouvez, à moyen terme, renforcer l'image de qualité de votre établissement avec une reconnaissance officielle (classement Restaurant de tourisme, titre de maître-restaurateur, marque Qualité Tourisme, certification Cuisineries gourmandes, label Restaurateurs de France).

Le fait d'être cité dans des guides touristiques ou gastronomiques peut aussi vous apporter un gain de notoriété.

Se faire connaître auprès de prescripteurs

Vous avez tout intérêt à vous faire connaître auprès de tous les organismes et commerçants susceptibles de vous envoyer de la clientèle. Prendre contact avec les hôtels à proximité de votre restaurant et venir présenter votre offre est une stratégie gagnante.

Vous pouvez également prévoir la réception de groupes avec les autocaristes. Pour concrétiser ce type de partenariat, allez au salon Autocar Expo, tous les ans à l'automne, avec de la documentation détaillée sur votre offre, en français et en anglais.

Utiliser les médias

Nouer des relations avec la presse est une stratégie payante en terme de notoriété. L'idée est de faire parler les journalistes du restaurant. À vous de les mobiliser, car ils ne viendront pas d'eux-mêmes. Contactez la presse écrite locale, mais n'oubliez pas les médias audiovisuels, qui se déplacent plus facilement qu'on ne le croit.

Témoignage

Arnaud de Grammond, créateur du Café des Épices, Marseille 2ᵉ

« J'ai bénéficié de beaucoup d'articles dans les médias, de nombreuses célébrités sont venues, elles ont véhiculé une image très positive de mon restaurant et de ma cuisine. J'ai été présélectionné pour participer à une émission de chefs sur M6 : cela m'a apporté un gain de notoriété non négligeable et une reconnaissance de la profession. »

Organiser l'inauguration de votre restaurant

Ne prévoyez pas cette manifestation dans les premiers jours de l'ouverture de votre restaurant, mais attendez une ou deux semaines afin d'être serein et rodé après les aléas du démarrage. Envoyez des invitations aux personnalités locales, aux journalistes, au maire et à ses conseillers, à certains membres de la CCI, aux représentants des associations professionnelles et sportives, et en définitive à tous les organismes et corporations susceptibles de vous envoyer de la clientèle.

Soyez présent sur Internet

De plus en plus de clients vont sur le Web pour choisir ou s'informer sur un restaurant. Il existe plusieurs moyens pour être sur la Toile : avoir votre propre site, être présent sur des sites de réservation en ligne et/ou sur les réseaux sociaux.

On doit retrouver sur votre **site Internet** non seulement votre identité visuelle, mais aussi l'ambiance et l'image de votre restaurant. Des informations incontournables doivent être présentes : vos coordonnées et vos horaires d'ouverture, un plan d'accès, votre carte, vos menus du mois ou du jour, vos offres promotionnelles, vos repas événementiels, les animations que vous organisez. Faites en sorte de mettre à jour régulièrement votre site, qui doit être vivant. L'internaute doit trouver facilement les informations qu'il recherche, le site doit être ergonomique et sa navigation intuitive. La rubrique « réserver en ligne », si elle existe, doit être bien visible et l'interface de réservation doit être claire et précise.

À l'instar de la réservation d'hôtels en ligne, la **réservation de tables sur Internet** se développe, avec des sites spécialisés tels lafourchette.com ou restopolitan.com. Ce système est un bon moyen pour se faire connaître d'une clientèle lointaine et pour capter de nouveaux clients. Avantages : le système de réservation est accessible 24 heures sur 24, vous bénéficiez d'un gain de temps sur les réservations par téléphone et vous véhiculez une image de dynamisme et de modernité. Vous avez aussi la possibilité de proposer des réductions importantes pour attirer les clients.

Témoignage

ÉVELYNE VANDEVELDE, LA TARTINE MARIOLLE, PARIS 9ᵉ

La restauratrice, qui a ouvert son établissement en 2007, explique s'être inscrite sur un site de réservation en ligne pour se faire connaître, augmenter sa fréquentation et espérer des ventes additionnelles (apéritif, vin, etc.) en contrepartie de remises conséquentes accordées au client (jusqu'à 50 %). « Cela a effectivement attiré des clients chez moi, mais uniquement pour profiter de la promotion. De plus, c'était gênant vis-à-vis de ma clientèle habituelle qui payait le plein tarif. Je pense que le système est intéressant mais qu'il faut éviter de casser ses prix. »

Communiquer sur votre offre *via* les **réseaux sociaux** est simple et potentiellement lucratif. Prenons l'exemple d'un restaurant dont le chiffre d'affaires du midi repose sur un ou deux plats du jour, chaque fois différents, qui incitent les clients à revenir. En créant un compte Twitter et une page Facebook, le restaurateur peut rapidement informer quotidiennement ses clients réguliers : ceux-ci découvrent chaque matin les plats du jour en se connectant à leur ordinateur. Cette communication *via* les réseaux sociaux est particulièrement facile à mettre en œuvre et peu contraignante : dix minutes par jour suffisent.

Grâce à tous les moyens de communication que vous avez mis en place, les clients connaissent et viennent dans votre restaurant. Vous devez aussi chercher à les faire revenir en les fidélisant.

Fidéliser la clientèle

Savoir satisfaire votre clientèle et la fidéliser est fondamental pour vous assurer un chiffre d'affaires régulier.

Mesurer la satisfaction de la clientèle

« Un de perdu, dix de retrouvés ! » Cet adage ne s'applique pas du tout au commerce ! Un consommateur mécontent, par le simple fait du bouche-à-oreille, mais aussi par le biais des sites d'évaluation sur Internet, fait connaître et propage son insatisfaction autour de lui. L'étape incontournable avant de chercher à fidéliser la clientèle est donc de la satisfaire, car un client insatisfait ne devient jamais un client fidèle. Et garder un client revient cinq à dix fois moins cher que d'en conquérir un nouveau.

Mesurer la satisfaction des clients et traiter cette insatisfaction s'avère une action clé : 85 % des clients insatisfaits dont la réclamation a été traitée deviendront fidèles. Analyser les critiques des clients est instructif, car cela permet de cerner les motifs d'insatisfaction, tout en gardant à l'esprit que certains clients se « lâchent » avec exagération sur les sites d'évaluation.

Soyez conscient que beaucoup de clients insatisfaits ne disent rien et partent de chez vous sans que vous ayez eu connaissance de leur mécontentement. Il ne faut donc pas négliger le contact direct : le personnel en salle doit discuter régulièrement pendant et après le repas avec les clients. La venue du chef de cuisine pour discuter avec ces derniers à l'issue du repas permet aussi de mesurer la satisfaction du client.

Autre technique de mesure : le questionnaire de satisfaction. Voici un exemple :

En pratique

Le questionnaire de satisfaction

Chez Courtepaille, durant une période, un questionnaire de satisfaction a été soumis en fin de repas aux clients. On leur suggérait aussi de laisser leurs coordonnées pour recevoir des offres avantageuses. Un très grand nombre de clients ont répondu (plus de quatre-vingt mille questionnaires remis au mois d'avril 2010), ce qui a permis de mieux connaître leurs besoins et leurs envies.

Les outils de fidélisation

Les consommateurs étant devenus très « zappeurs », les fidéliser se complexifie. Différentes techniques de fidélisation permettent de faire revenir un client.

Ainsi, la carte de fidélité a pour objectif de faire revenir le client chez vous, en lui offrant un avantage particulier ou une prestation après un certain nombre de repas pris dans votre restaurant. Mais cet outil s'est tellement banalisé qu'il n'est plus très attractif, d'autant que la récompense n'est souvent pas une surprise : une réduction ou une prestation offerte. De plus, le client n'a pas vraiment conscience du cadeau fait, car il n'obtient rien de concret. Il faut imaginer de vraies nouveautés. Par exemple, chez les Fils à maman, la fidélité est récompensée par une véritable « surprise » : au bout de dix repas, le client est invité à tourner la « Roue des Gourmands », qui s'arrête sur un cadeau offert par le restaurant : une bouteille de champagne, un déjeuner, ou un cours de salsa…

Pour fidéliser efficacement les clients, il est également possible de constituer un fichier avec les coordonnées de vos clients. Vous pouvez ainsi les contacter pour leur proposer des offres qui les attireront chez vous.

En pratique

La fidélisation numérique

Certaines enseignes s'attaquent à la fidélisation par SMS. Par exemple, Pizza Hut a lancé un programme de fidélisation à l'attention des hommes amateurs de football. Parmi les personnes inscrites à l'offre SMS du site, Pizza Hut envoie un SMS trente minutes avant le coup d'envoi de tous les matchs importants en leur proposant de commander leur pizza afin de la recevoir à la mi-temps. Devant son succès, cette opération a été étendue aux matchs de rugby.

Augmenter la fréquentation

Chercher à augmenter la fréquentation de votre restaurant passe par différentes techniques et actions qui ont pour but d'attirer les clients chez vous.

Placer judicieusement les clients

Parce que le monde attire le monde, un restaurant attire les gens parce qu'il a du succès. Si vous placez les clients en vitrine ou en terrasse plutôt qu'au fond du restaurant, les personnes qui passeront devant votre établissement auront l'impression que celui-ci est plein et seront plus tentées d'entrer.

Gérer efficacement les réservations

Les jours de haute fréquentation, lorsqu'il vous arrive de refuser du monde, vous pouvez proposer aux clients, lors de la réservation, de décaler leur demande par rapport aux réservations déjà enregistrées, en accompagnant cette proposition d'une réduction ou d'une prestation offerte.

Lutter contre le problème des clients qui ne viennent pas alors qu'ils ont réservé est possible. Ces « *no-show* », ces clients qui n'honorent pas leur réservation, compliquent la gestion du restaurant et génèrent des pertes de chiffre d'affaires, quand une table est inoccupée ou occupée trop tard pour un deuxième service. Vous pouvez résoudre ce problème en ne garantissant plus la réservation au-delà d'une demi-heure de retard et en rappelant systématiquement le client la veille de la prestation.

Miser sur des opérations promotionnelles

Pour les clients, le mot « gratuit » est magique. Offrir l'apéritif ou le café, des produits à faible coût de revient, est une technique efficace pour attirer la clientèle. Mais la gratuité doit rester ponctuelle et se cantonner à des produits ne vous coûtant pas cher, car offrir le dessert, par exemple, est pénalisant pour votre rentabilité.

L'attrait des promotions

Les opérations promotionnelles réalisées par les restaurants ont souvent pour objectif d'accroître la fréquentation à des moments où le taux de fréquentation est faible : Hippopotamus propose des offres attractives pendant les heures creuses, entre 14 h 30 et 19 h 30, uniquement en semaine. Ces opérations promotionnelles doivent, elles aussi, rester ponctuelles, car le risque est de donner l'impression au client que le prix n'est pas le bon le reste du temps et qu'il ne vienne qu'en cas de promotion.

Proposer des prestations annexes

Vous pouvez chercher à rentabiliser au maximum le restaurant en proposant des prestations annexes, ce qui permet d'augmenter la fréquentation : formule brunch le dimanche matin, soirée musicale, cours de cuisine, etc.

La vente à emporter peut être un moyen d'augmenter ses recettes : les gérants du restaurant Le Terroir : Qu'est-ce ?, à Paris (9ᵉ), ne disposent que de douze places assises. Or, il est connu qu'à la vue d'une file d'attente, les clients préfèrent changer d'endroit plutôt que d'attendre. Pour pallier ce problème, les gérants ont mis l'accent sur la vente à emporter *via* Internet. Ils envoient tous les matins à 9 heures un e-mail à leurs soixante-dix contacts, qui présente l'ardoise du jour. La prise de commande se fait jusqu'à midi et la vente à emporter représente désormais 80 % de leurs prestations. Cette stratégie leur permet de servir cinquante couverts par jour.

Maximiser le ticket moyen

Augmenter ses prix n'est pas une stratégie gagnante, car les clients ayant souvent en tête une idée du prix à payer pour une prestation donnée, ils se montreront réticents.

La solution passe par les ventes additionnelles, c'est-à-dire tous les achats que les clients n'avaient pas initialement prévu de faire. Elles sont essentielles : ces achats spontanés peuvent augmenter le ticket moyen de manière conséquente.

Pour réussir ces ventes additionnelles, votre personnel de salle doit être formé aux différentes techniques éprouvées.

À savoir

Une des premières techniques à maîtriser par les vendeurs consiste à éviter toute question fermée à laquelle le client ne répond que par oui ou par non. Par exemple : « *Prendrez-vous du vin ?* » Vous vous privez de la possibilité d'une vente additionnelle s'il répond par la négative. Il faut toujours privilégier une suggestion de plusieurs choix : « *Prendrez-vous du vin blanc ou du vin rouge ?* »

Les produits sur lesquels les restaurants font une marge importante sont les alcools. Lorsque le client demande du vin, une technique efficace est de lister les bouteilles de la moins chère à la plus chère, car le client retient plutôt ce qui a été cité en dernier.

L'eau minérale peut, elle aussi, générer des ventes additionnelles substantielles : ne proposez jamais la carafe d'eau, mais l'alternative « eau plate ou eau gazeuse ? ». Servez régulièrement l'eau minérale comme vous le faites pour le vin, de telle sorte que la bouteille soit terminée en milieu de repas et que le client en commande une nouvelle.

Le dessert est également un enjeu et la question « Prendrez-vous un dessert ? » est inadaptée. En posant la carte des desserts sur la table, en ayant pris un soin particulier à la conception de cette dernière pour la rendre vraiment attrayante, les clients sont plus enclins à se laisser tenter par une gourmandise. Pour les plus hésitants, le café gourmand est une invention qui a fait ses preuves.

Au-delà de ces techniques de vente basiques, gardez à l'esprit que la réalisation d'un chiffre d'affaires satisfaisant et la fidélisation de la clientèle passent par une relation authentique et chaleureuse, fondée sur l'observation et l'écoute du client.

À savoir

Les ventes additionnelles sont un tel enjeu pour le chiffre d'affaires des restaurants qu'il existe des formations spécialement dédiées à ces techniques.

Optimiser la gestion de la carte

Il s'agit là de faire en sorte que les plats proposés soient à la fois populaires (appréciés des clients) et rentables (ils dégagent une marge importante).

Il existe une méthode de gestion de la carte appelée « *Menu Engineering* » ou « principes de Smith », élaborée par un spécialiste américain des menus, Donald Smith. Elle consiste à déterminer, au moment du renouvellement de la carte, les plats à conserver et ceux qu'il faut éliminer. Cette méthode analyse une gamme de la carte sur une période donnée, le mois, le trimestre ou le semestre suivant le rythme de renouvellement de la carte.

Carte des viandes

Steak de veau aux morilles	18 €
Tournedos Rossini	24 €
Noix d'entrecôte maître d'hôtel	20 €
Magret de canard flambé aux pommes	19 €
Gigotin d'agneau	21 €
Filet mignon de porc sauce forestière	17 €
Brochette de ris de veau	18 €

Première étape : analyser la popularité de chaque plat

À partir des ventes de la période, on calcule la part de marché de chaque plat, puis on en déduit la tranche à laquelle chaque plat appartient : tranche haute de popularité si la

Analyse de la popularité de la gamme des viandes pour le premier semestre			
Plat	**Nombre de plats vendus**	**Part de marché**	**Tranche de popularité**
Steak de veau aux morilles	1 895	15,3 %	Popularité haute
Tournedos Rossini	2 144	17,3 %	Popularité haute
Noix d'entrecôte maître d'hôtel	995	8,0 %	Popularité basse
Magret de canard flambé aux pommes	2 522	20,4 %	Popularité haute
Gigotin d'agneau	1 381	11,1 %	Popularité basse
Filet mignon de porc sauce forestière	2 034	16,4 %	Popularité haute
Brochette de ris de veau	1 419	11,5 %	Popularité basse
TOTAL	12 390	100 %	

part de marché est supérieure à la part de marché moyenne, tranche basse de popularité dans le cas contraire.

La part de marché moyenne correspond à 100 divisé par le nombre de plats à la carte, 100/7 pour la carte des viandes, soit 14,3 %. Cela signifie que si tous les plats étaient également populaires, sur cent plats vendus, chaque plat serait vendu environ quatorze fois.

Nous constatons que quatre plats ont une bonne popularité et trois sont peu prisés.

À savoir

À l'origine, la borne de popularité de la méthode était fixée à 70 % de la part de marché moyenne. Cela signifie dans notre exemple que les plats étaient répartis par comparaison avec une part de marché moyenne de 70 % x 14,3 %, soit 10 %. Tous les plats dont la part de marché est supérieure à 10 % font partie de la tranche haute, les autres de la tranche basse. Vous pouvez appliquer ce coefficient de 70 % si vous souhaitez privilégier le critère de la popularité par rapport à celui de la rentabilité.

Deuxième étape : analyser la rentabilité de chaque plat

L'objectif est de calculer la contribution de chaque plat à la marge brute dégagée sur la vente des plats de cette gamme.

La marge brute unitaire étant la différence entre le prix de vente HT du plat et le coût matières de ce plat, il faut d'une part déterminer le prix de vente HT, et d'autre part reporter, à partir de la fiche technique de chaque plat, le coût matières unitaire de chacun d'entre eux.

Prix de vente HT = Prix de vente TTC du plat/1,07

Marge brute unitaire = Prix de vente HT − Coût matières unitaire

Pour déterminer si un plat a une rentabilité haute ou une rentabilité basse, on va comparer sa marge brute unitaire à la marge brute moyenne, calculée de la manière suivante :

Marge brute moyenne =

Marge brute totale/Nombre total de plats vendus
= 153 389,11/12 390 = 12,38

Analyse de la rentabilité de la gamme des viandes pour le premier semestre					
Plats	Prix de vente HT	Coût matières	Marge brute unitaire	Nombre de plats vendus	Marge brute totale	Tranche de renta-bilité
Steak de veau aux morilles	16,82	5,23	11,59	1 895	21 963,05	Rentabilité basse
Tournedos Rossini	22,43	5,84	16,59	2 144	35 568,96	Rentabilité haute
Noix d'entrecôte maître d'hôtel	18,69	6,02	12,67	995	12 606,65	Rentabilité haute
Magret de canard flambé aux pommes	17,76	4,78	12,98	2 522	32 735,56	Rentabilité haute
Gigotin d'agneau	19,63	7,82	11,81	1 381	16 309,61	Rentabilité basse
Filet mignon de porc sauce forestière	15,89	8,31	7,58	2 034	15 417,72	Rentabilité basse
Brochette de ris de veau	16,82	3,58	13,24	1 419	18 787,56	Rentabilité haute
TOTAL				12 390	153 389,11	

Nous constatons que quatre plats sont particulièrement rentables et trois plats le sont peu.

Troisième étape : classer les plats en quatre groupes

Les plats vont à présent être classés en quatre groupes selon leur performance commerciale et économique :

Groupe	Popularité (part de marché)	Rentabilité (contribution à la marge brute)
Étoile	Haute	Haute
Vache à lait	Haute	Basse
Dilemme	Basse	Haute
Poids mort	Basse	Basse

Dans notre exemple, voici le classement des plats de la gamme des viandes :

Groupe Étoile	Tournedos Rossini Magret de canard flambé aux pommes
Groupe Vache à lait	Steak de veau aux morilles Filet mignon de porc sauce forestière
Groupe Dilemme	Brochette de ris de veau Noix d'entrecôte maître d'hôtel
Groupe Poids mort	Gigotin d'agneau

Quatrième étape : les actions à mener suite à ce classement

- **Groupe Étoile** : les plats de ce groupe sont à la fois populaires et rentables : ils plaisent aux clients et contribuent à la marge brute de manière tout à fait satisfaisante. Il faut donc les garder à la carte, sans changement, et les mettre en avant.

- **Groupe Vache à lait** : bien que peu rentables, ces plats sont populaires, ils font la renommée de l'établissement et contribuent à sa réputation. Il faut donc les conserver à la carte, mais ne pas chercher à les mettre spécialement en avant.

- **Groupe Dilemme** : ces plats sont rentables, mais peu populaires. Ils apportent donc une contribution élevée à la marge brute, mais ne plaisent pas aux clients. Il faut chercher à comprendre leur impopularité en agissant sur leur nom, leur prix ou encore leur composition. Il faut chercher à les mettre en avant, et si les clients continuent à les bouder, les retirer de la carte.

- **Groupe Poids mort** : ils ont tout faux ! Ils ne sont ni populaires, ni rentables. Ils sont donc à supprimer de la carte.

Cette méthode du « *menu engineering* » est un outil efficace pour évaluer sa carte, prendre des décisions pour en optimiser la gestion et par conséquent augmenter la rentabilité de son restaurant.

Il importe de former le personnel à privilégier la vente des plats qui génèrent une forte marge brute. Cela peut passer par des briefings réguliers pour expliquer la carte, pour communiquer les arguments qui mettront en valeur les plats à privilégier et pour donner les objectifs vers lesquels tendre.

Maîtriser le coût matières

Parce que le coût matières est le poste de dépenses le plus élevé après celui du personnel, il est fondamental de le maîtriser, de le surveiller en permanence et de procéder à des actions correctrices en cas de dérapages.

Calculer le ratio matières

Le ratio matières désigne la part des matières premières dans le chiffre d'affaires de votre restaurant. Le calculer chaque mois est fondamental pour vérifier qu'il est dans la norme, qu'il n'augmente pas, ou s'il augmente d'en analyser les causes.

Un ratio matières doit normalement se situer entre 25 % et 35 % du chiffre d'affaires. Il dépend d'une part du type de restauration : une pizzeria a un ratio matières de l'ordre de 25 % alors qu'un restaurant gastronomique, utilisant des matières premières plus onéreuses, se rapproche de 35 %. Il dépend aussi du degré de transformation des matières premières : un restaurant où tout est « fait maison » a un ratio matières moins élevé que celui qui utilise des produits de quatrième ou de cinquième gammes.

Le ratio matières se calcule en divisant les matières consommées par le chiffre d'affaires HT.

> **En pratique**
>
> ### Exemple du calcul du ratio matières d'une pizzeria
>
> Chiffre d'affaires HT du mois N :   34 000 € HT
>
> Achats de matières du mois N :   10 500 € HT
>
> Stock de matières le 1er jour du mois N :   500 €
>
> Stock de matières le dernier jour du mois N :   600 €
>
> Matières consommées durant le mois N
>
> $$= \text{Achats du mois} + \text{Stock initial} - \text{Stock final}$$
> $$= 10\,500 + 500 - 600 = 10\,400 \text{ €.}$$
>
> Ratio matières = 10 400/34 000 = 30,6 %
>
> Ce ratio matières est au-dessus de la norme constatée dans une pizzeria. Il est nécessaire de contrôler que chaque composante du coût matières, les prix et les quantités, est correctement maîtrisée, et si ce n'est pas le cas, de corriger.

Gérer les approvisionnements

On peut perdre beaucoup d'argent en achetant trop cher ! Négocier les prix auprès de vos fournisseurs est une source très importante de profit. Avoir plusieurs fournisseurs permet de comparer et de discuter les prix. C'est aussi un gage de sécurité en cas de défection de l'un d'eux.

Vos différentes sources d'approvisionnement peuvent être :

- le marché local et les commerces de détail ;

- les marchés de gros, qui regroupent dans un même lieu les producteurs et grossistes des secteurs alimentaires ; il en existe dix-huit en France, dont le plus important est à Rungis près de Paris ;

- les « *cash and carry* », qui sont des grossistes spécialisés, réservés aux professionnels, dont le plus important dans le secteur de la restauration est Metro ;

- les producteurs, qui sont la source d'approvisionnement privilégiée des restaurateurs traditionnels misant sur la fraîcheur et l'authenticité.

À savoir

Les « *cash and carry* » exigent un règlement comptant, tout comme les commerces de détail. Pour les autres fournisseurs, le crédit accordé est en moyenne de quarante jours, mais cela dépend des relations que vous entretenez avec vos fournisseurs.

La mercuriale est un outil très utile à mettre en place pour gérer et suivre les prix des différents ingrédients. Il s'agit d'un tableau que vous pouvez réaliser sur tableur (avec Excel par exemple) : vous y listez tous les ingrédients avec le nom du fournisseur, la référence de l'ingrédient chez le fournisseur, le conditionnement, le prix d'achat unitaire. Pour un ingrédient donné, il existe autant de lignes que de fournisseurs. La mercuriale demande un peu de temps à sa création, mais les mises à jour sont rapides et vous disposez d'un outil de suivi des prix fort utile.

Par ailleurs, un approvisionnement optimal consiste à commander les justes quantités pour éviter les ruptures de stock tout en minimisant les coûts, car détenir des stocks coûte cher. C'est un exercice délicat, qui dépend de la nature des achats et des prévisions de vente.

Témoignage

RODOLPHE DUPUIS, DIRECTEUR DU RESTAURANT L'AVENUE 21, CAEN

Rodolphe Dupuis a repris en 2010 un établissement caennais en perte de vitesse, mais très bien situé, dans le quartier historique du Vaugueux, un lieu réputé pour ses restaurants. Il l'a transformé en imaginant un concept autour du burger, apprécié des enfants, et de la viande, aimée des parents. Constatant le succès de ses burgers, il a décliné le concept en proposant des burgers originaux. Il en a fait un lieu confortable et tamisé, avec une ambiance conviviale et une décoration chaleureuse. La clientèle de midi est essentiellement une clientèle d'affaires et de bureau. Le week-end viennent les familles et les grandes tablées d'amis : *« Pour la gestion des approvisionnements, c'est moi qui négocie les prix auprès des fournisseurs. J'établis un cadencier de commandes en fonction des prévisions de fréquentation. Ce sont les cuisiniers qui s'occupent de passer les commandes. Le responsable de salle s'occupe des liquides et des produits d'entretien. Régulièrement, par sondage, je vérifie que les prix négociés ont bien été respectés. Le rythme d'approvisionnement est le suivant : pour le frais, on se réapprovisionne tous les jours ou tous les deux jours, pour le sec tous les quinze jours, pour le soft une fois par semaine. Quant au vin, le réapprovisionnement se fait en suivant les ventes réalisées. »*

Pour bien vous approvisionner :

* développez une relation de confiance avec des fournisseurs réguliers ;

* sachez profiter des promotions ;

- évitez d'utiliser des produits dont les prix sont trop fluctuants ;

- ne vous approvisionnez pas chez un fournisseur unique, pour comparer, négocier et limiter les risques de rupture ;

- utilisez une mercuriale et mettez-la régulièrement à jour ;

- contrôlez les prix facturés.

Gérer l'utilisation des matières

Une autre source non négligeable d'économie : contrôler les quantités, éviter les pertes et le gaspillage. Quelques principes simples vont permettre d'optimiser l'utilisation des matières premières :

- Respectez scrupuleusement les quantités indiquées dans les fiches techniques, sous peine de voir votre coût matières augmenter fortement. Des portions de filet de bœuf de 110 g au lieu de 100 g peuvent provoquer une différence significative…

- Limitez les pertes en surveillant les stocks, et particulièrement ceux des produits proches de la date limite de consommation. Une manière d'utiliser ces produits consiste à les inclure dans le plat du jour, ou dans une formule « coup de cœur » particulièrement attractive.

- Limitez les pertes dans la production en cuisine : c'est lié au savoir-faire du personnel en cuisine, qui doit maîtriser l'épluchage, les différentes techniques de cuisson, etc.

Optimiser la gestion du personnel

Le coût du personnel est le poste de dépenses le plus important d'un restaurant, puisque les charges de personnel, salaires et charges sociales, représentent 30 % à 40 % du chiffre d'affaires, selon le type de restaurant : 30 % pour la restauration rapide et jusqu'à 40 % pour la restauration traditionnelle à thème. Cela peut grimper jusqu'à 45 % pour un restaurant gastronomique.

Prévoir les effectifs

Prévoir le nombre de personnes nécessaires à la bonne marche du restaurant se révèle un exercice délicat : un personnel insuffisant augmente les temps d'attente et engendre l'insatisfaction de la clientèle. Un effectif important a un coût qui est élevé, qui risque de dégrader fortement votre rentabilité.

Selon Laurent Pailhès, gérant de Neo Engineering, puisque les plats peuvent être plus ou moins élaborés en cuisine, le coût du personnel ne peut pas être pris isolément du coût matières : ce que le restaurant peut gagner en main-d'œuvre, il le perd en coût matières, et inversement. Néanmoins, le seuil minimal de « *prime cost* » (somme du coût matières et des charges de personnel) est évalué à 65 % du chiffre d'affaires. En dessous de ce seuil, le client perçoit un problème de qualité. Donc, si vous avez un objectif de coût matières de 30 %, un ratio de charges de personnel de 35 % sera la norme pour prévoir vos effectifs.

Témoignage

RODOLPHE DUPUIS, DIRECTEUR DU RESTAURANT L'AVENUE 21, CAEN

« J'ai déterminé au départ mes besoins en personnel en fonction du chiffre d'affaires prévisionnel établi dans le dossier financier, en prenant un ratio personnel de 30 % à 35 % du chiffre d'affaires. Cette estimation s'est révélée satisfaisante. J'ai tout de même prévu davantage de personnel dans la phase d'ouverture, pour ne pas rater cet événement clé. »

La masse salariale « normale » est connue, l'effectif va évidemment dépendre du montant des salaires versés. La convention collective du secteur, consultable sur le site www.legifrance.fr, prévoit des salaires minimums en fonction des qualifications. Pour avoir un ordre d'idée, un salarié à temps plein rémunéré au minimum conventionnel coûte à un restaurant environ 2 200 euros par mois (salaire brut + charges patronales). Un restaurant dont le chiffre d'affaires annuel est de 300 000 euros a des charges de personnel comprises entre 90 000 euros et 105 000 euros. Le coût annuel d'un salarié s'élevant à 2 200 × 12, soit 26 400 euros, l'effectif du restaurant sera de trois à quatre personnes.

Embaucher le personnel dont vous avez besoin n'est pas une tâche facile. L'hôtellerie-restauration emploie beaucoup de main-d'œuvre : huit cent mille personnes travaillent dans ce secteur en France. Bien que de nombreux jeunes se forment aux métiers, la profession est en pénurie de main-d'œuvre. Le recrutement n'est donc pas évident, et les établissements souffrent d'un *turnover* important : un salarié reste en moyenne moins de trois ans dans le même établissement.

En tant qu'employeur, vous devez donc relever un double défi : garder votre personnel et le motiver, afin que sa préoccupation permanente soit la recherche de la satisfaction du client et la bonne marche du restaurant.

Améliorer la productivité du travail

Parce que les charges de personnel sont très importantes et difficilement compressibles, vous devez tout mettre en œuvre pour que le personnel ne soit pas une charge, mais un moteur de votre réussite : vous devez maximiser l'efficacité de vos salariés. La productivité du travail est l'outil de mesure de cette efficacité. Elle se calcule en faisant le rapport entre le chiffre d'affaires de votre restaurant et le nombre d'heures effectuées par vos salariés.

Motiver vos salariés

L'accueil et le service sont des critères fondamentaux de réussite de votre restaurant : un client revient dans un établissement où il a été bien accueilli, même si la cuisine n'était pas exceptionnelle. Motiver les salariés est donc un enjeu vital. Une rémunération attractive est l'une des façons de motiver les salariés. Si vous optez pour une rémunération au service, le personnel en salle touche un salaire proportionnel au chiffre d'affaires.

Cependant, la motivation des employés ne dépend pas seulement de la rémunération, mais est aussi favorisée par un bon climat social dans l'entreprise. Les employés aiment que l'on ait de la considération pour eux et que l'on reconnaisse la qualité de leur travail.

Améliorer la qualification des salariés

Selon une étude réalisée par la société Coach Omnium, 66 % des clients pensent que le personnel en salle est inefficace, 40 % ne le trouvent pas professionnel, 65 % déplorent son manque d'esprit commercial, et 57 % se plaignent de son manque de disponibilité. Améliorer la qualification des salariés en les formant en interne ou dans des organismes extérieurs permet d'augmenter leur efficacité, et donc la productivité de leur travail.

Trouver une organisation efficace

Une organisation efficace améliore la productivité des salariés : une circulation des informations et des plats qui limite les allers et retours des serveurs entre la cuisine et la salle engendre des gains de temps et limite le stress. L'investissement dans du matériel performant qui libère du temps est aussi payant : matériels de cuisson très automatisés pour la cuisine, systèmes informatiques de prise de commande pour les serveurs, etc.

Contrôler la rentabilité avec le tableau de bord

Le tableau de bord est un outil de gestion qu'un restaurateur a tout intérêt à mettre en place, parce qu'il va lui apporter, de manière très synthétique, des informations sur la rentabilité de son établissement. Le tableau de bord met en valeur les ventes mensuelles réalisées et les coûts de fonctionnement regroupés en quatre grands postes significatifs : matières premières, charges de personnel, frais généraux et coûts d'occupation.

Pourquoi réaliser un tableau de bord mensuel ?

La comptabilité fournit chaque année au restaurateur les comptes annuels de son entreprise, sous la forme d'un bilan et d'un compte de résultat qui détaille le bénéfice ou la perte réalisé(e) durant l'année écoulée. Ces documents sont généralement édités quelques mois après la fin de l'année, ce qui est bien tard pour constater les performances ou les contre-performances d'une entreprise. Comment redresser une situation qui s'est construite au fil des mois passés ? Disposer de données mensuelles permet de redresser la barre beaucoup plus rapidement quand des difficultés ont été détectées.

Beaucoup de restaurateurs se fient à leur chiffre d'affaires ou au niveau de leur trésorerie pour estimer la bonne santé de leur affaire. Ils vont au-devant de désillusions, car ces indicateurs ne mesurent pas la rentabilité de leur restaurant.

Autre argument en faveur du tableau de bord : les documents annuels que sont le bilan et le compte de résultat ne sont pas présentés de manière à valoriser les données et les coûts significatifs d'une activité de restauration. Le tableau de bord permettra au restaurateur d'avoir une vision claire de ses résultats. C'est donc un outil de contrôle et de pilotage de son activité.

Comment construire un tableau de bord ?

Il reprend de manière synthétique les principaux postes du compte de résultat, avec des données mensuelles :

	Tableau de bord de gestion – Mois N	Montant	Ratios
		Montant	**Ratios**
1	Nombre de couverts servis	3 121	
2	Nombre de jours d'ouverture	26	
3	Nombre de couverts servis par jour (1/2)	120	
4	Ticket moyen (5/1)	15,77	
5	**Chiffre d'affaires HT**	49 230	100,0 %
6	Matières consommées	15 864	32,2 %
7	**Marge brute (5 – 6)**	33 366	67,8 %
8	Charges de personnel	16 246	33,0 %
9	**Prime cost (6 + 8)**	32 110	65,2 %
10	**Marge sur prime cost (5 – 9)**	17 120	34,8 %
11	Frais généraux	6 657	13,5 %
12	**Résultat brut d'exploitation (10 – 11)**	10 463	21,3 %
13	Coûts d'occupation	4 458	9,1 %
14	**Résultat courant (12 – 13)**	6 005	12,2 %

1. Vous reportez le nombre de couverts que vous avez servis dans le mois.

2. Vous indiquez le nombre de jours où vous avez ouvert durant le mois.

3. Vous calculez le nombre de couverts journalier en divisant le nombre de couverts mensuel par le nombre de jours d'ouverture dans le mois.

5. Vous reportez le chiffre d'affaires réalisé durant le mois.

4. Vous déduisez le ticket moyen en divisant le chiffre d'affaires mensuel par le nombre de couverts servis.

6. Vous reportez le montant des matières consommées durant le mois : elles se calculent à partir des données sur les achats mensuels et les stocks : achats de matières + stock initial – stock final (voir dans ce chapitre le paragraphe « Calculer le ratio matières ») ; c'est le coût matières et le ratio de cette ligne 6 est le ratio matières.

7. La marge brute représente la marge que vous dégagez après avoir payé les matières premières. Elle se calcule en retirant les matières consommées du chiffre d'affaires.

8. Vous reportez les charges de personnel supportées durant le mois. C'est la masse salariale : salaires bruts et charges patronales. Le ratio de cette ligne 8 est le ratio personnel.

9. Le *prime cost*, ou coût principal, est la somme des deux principaux postes de dépenses d'un restaurant : le coût matières et les charges de personnel.

10. La marge sur *prime cost*, ou marge sur coût principal, représente la marge que vous dégagez après avoir payé vos deux plus gros postes de dépenses.

11. Vous reportez tous les frais généraux, c'est-à-dire toutes les autres dépenses nécessaires pour faire fonctionner votre restaurant, sans tenir compte des charges liées à vos choix d'investissement et de financement. Les frais généraux comprennent globalement tous les autres postes de charges (eau, électricité, gaz, les différents services tels l'assurance, la publicité, les frais postaux, les frais de transport, les taxes, etc.), à l'exception des coûts d'occupation (loyers + redevances de crédit-bail + intérêts des emprunts + dotations aux amortissements).

12. Vous calculez le résultat brut d'exploitation par la différence entre la marge sur *prime cost* et les frais généraux. Ce résultat est une indication de performance intéressante, car il met en évidence les performances de votre

activité sans qu'interfèrent les choix de financement (emprunt ou non, crédit-bail ou non) et d'investissement (local acheté ou loué, etc.).

13. Vous reportez les coûts d'occupation mensuels, en prenant une estimation mensuelle pour les dotations aux amortissements de vos équipements, puisque le calcul est en général fait annuellement par le comptable. Coûts d'occupation : loyers + redevances de crédit-bail + intérêts des emprunts + dotations aux amortissements.

14. Le résultat courant avant impôt se calcule par différence entre le résultat brut d'exploitation et les coûts d'occupation. Ce résultat vous indique si votre activité est rentable après prise en compte de vos différents choix de financement et d'investissement.

Le tableau de bord est votre propre outil de pilotage, vous êtes donc libre de le construire de la manière qui vous paraîtra la plus adaptée à votre activité. Si vous avez une activité bar, par exemple, vous pouvez distinguer les deux activités dans le tableau de bord.

Suivre l'évolution de votre chiffre d'affaires

Vous devez être constamment vigilant sur l'évolution de trois indicateurs clés :

- le chiffre d'affaires ;
- le nombre de couverts servis ;
- le ticket moyen.

Si votre chiffre d'affaires baisse, il faut en analyser la raison :

- Votre nombre de couverts baisse alors que votre ticket moyen est stable : votre fréquentation est en baisse, il va falloir chercher à en comprendre les causes. Il va falloir aussi étudier votre clientèle habituelle pour voir si elle vous est fidèle ; si elle ne l'est pas, comprendre pourquoi. Suivant les causes détectées, il va falloir faire des actions correctrices pour fidéliser la clientèle et redynamiser la fréquentation.

- Votre ticket moyen baisse alors que le nombre de couverts servis est stable : vos actions correctrices vont viser à soutenir le ticket moyen avec les différentes techniques vues plus haut.

Suivre les ratios du tableau de bord

L'intérêt d'un tableau de bord mensuel est de faire des comparaisons et de mesurer les écarts entre vos données et d'autres données. Ces autres données peuvent être :

- les ratios normes de la profession ;

- vos propres ratios prévisionnels, correspondant aux objectifs que vous vous étiez fixés ; vous pouvez ainsi mesurer les écarts entre ce que vous avez réalisé et vos prévisions ;

- les ratios des mois précédents, ou ceux du même mois de l'année précédente, pour mesurer l'évolution de votre rentabilité.

Les principaux ratios normes en restauration		
Ratio matières	Entre 25 % et 35 % du chiffre d'affaires HT	En fonction du type de restauration et du degré de transformation des matières.
Ratio personnel	Entre 30 % et 40 %	En fonction du type de restauration et du degré de transformation des matières. Peut être encore plus élevé dans un restaurant gastronomique (plus de 45 %).
Marge brute	Entre 65 % et 75 %	
Prime cost	Entre 65 % et 70 %	
Frais généraux	De 10 % à 15 %	
Coûts d'occupation	De 10 % à 12 %	
Coulage (perte/casse)	2 %	

1. Pour faire connaître votre restaurant :
a) Le bouche-à-oreille est un moyen qui produit peu d'impact.
b) 58 % des clients font confiance au bouche-à-oreille quand ils ne connaissent pas le restaurant.
c) 98 % des clients font confiance au bouche-à-oreille quand ils ne connaissent pas le restaurant.

2. Votre restaurant cible la clientèle de bureau du midi. Indiquez le moyen de communication le plus adapté pour le faire connaître :
a) Tracts déposés à l'office du tourisme.
b) Tracts distribués dans la rue.
c) Spots à la radio.

3. Indiquez la phrase exacte :
a) Il est plus coûteux de prospecter de nouveaux clients que de chercher à fidéliser ses clients.
b) Il est moins coûteux de prospecter de nouveaux clients que de chercher à fidéliser ses clients.
c) Le coût est identique.

4. Selon la méthode du *menu engineering*, les plats qui sont populaires bien que peu rentables font partie du groupe :
a) Étoile.
b) Dilemme.
c) Vache à lait.

5. L'action à mener pour les plats classés dans le groupe Dilemme consiste à :
a) Modifier soit leur nom, leur prix ou leur composition et de chercher à les mettre en avant.
b) Supprimer ces plats de la carte.
c) Conserver ces plats tels quels.

.../...

6. Le ratio matières se calcule en divisant :
a) Les achats de matières premières par le chiffre d'affaires HT.
b) Le chiffre d'affaires HT par les matières premières consommées.
c) Les matières premières consommées par le chiffre d'affaires HT.

7. Le coût du personnel d'un restaurant est en moyenne de :
a) 15 % du chiffre d'affaires HT.
b) 25 % du chiffre d'affaires HT.
c) 35 % du chiffre d'affaires HT.

8. Indiquez la caractéristique principale d'un tableau de bord :
a) Outil de gestion synthétique qui présente des informations sur la rentabilité du restaurant.
b) Document comptable obligatoire à présenter aux services fiscaux.
c) Feuille de route fixant les objectifs au personnel.

9. Dans le tableau de bord, le *prime cost* désigne :
a) La marge dégagée après avoir payé les deux postes de dépenses les plus importants, coûts matières et charges de personnel.
b) La somme du coût matières et des charges de personnel.
c) L'ensemble des charges du restaurant.

10. Le résultat brut d'exploitation est égal à :
a) La marge sur *prime cost* diminuée des frais généraux.
b) La marge sur *prime cost* diminuée des frais généraux et des coûts d'occupation.
c) La marge sur *prime cost* diminuée des coûts d'occupation.

Webographie

Voici une sélection de sites utiles ou particulièrement intéressants pour plus aller plus loin.

Études marketing et économiques spécialisées en restauration

Coach Omnium, société spécialisée en tourisme et hôtellerie, publie de nombreuses études économiques et marketing téléchargeables gratuitement, dans la rubrique « Bonus » : www.coachomnium.com

Gira Conseil est un cabinet spécialisé dans le conseil, les études en marketing et développement de la restauration : www.giraconseil.fr

Marketoresto est un site de veille et d'informations sur le marketing des restaurants : www.marketoresto.com

Concepts et franchises

Concepts&Co ambitionne de favoriser la rencontre entre de nouveaux concepts de restauration et des partenaires : www.concepts-co.fr

Fédération Française de la Franchise : www.franchise-fff.com

Les Échos de la Franchise : www.lesechosdelafranchise.com

Création d'entreprise

APCE (Agence Pour la Création d'Entreprise) ; un site incontournable : www.apce.com

Centres de gestion agréés (CGA) : organismes offrant à leurs adhérents une aide à la gestion, spécialistes de la petite entreprise : www.organisme-gestion-agree.com

Les Chambres de Commerce et d'Industrie (CCI) ont toutes un site Internet, avec de nombreuses informations sur tous les aspects commerciaux, juridiques et financiers de la création d'entreprise ; site national : www.cci.fr – Rubrique « Le réseau des CCI » pour accéder au site de la CCI de votre région.

Entreprisecreation.com est un site d'informations sur la création d'entreprise réalisé par des experts-comptables : www.entreprisecreation.com

Guichet-entreprises guide le créateur dans les démarches à accomplir selon l'activité envisagée, avec de nombreuses informations concernant l'ouverture d'un restaurant : www.guichet-entreprises.fr

Netpme regroupe un ensemble de ressources pour les créateurs d'entreprise et les chefs d'entreprise : www.netpme.fr

Aides financières

Adie (Association pour le droit à l'initiative économique) propose des microcrédits et facilite l'accès à des aides complémentaires : www.adie.org

Observatoire des aides aux entreprises est un portail d'informations sur les aides publiques aux entreprises : www.aides-entreprises.fr

Sémaphore, base de données des CCI, recense les différentes aides aux entreprises : www.semaphore.cci.fr

Presse spécialisée

BRA Tendances Restauration :
www.bra-tendances-restauration.com

Un incontournable : l'hebdomadaire *L'Hôtellerie Restauration*, avec son site Internet très complet et actualisé sur tous les aspects de la profession (marketing, gestion, réglementation, droit du travail, équipements, etc.), avec des annonces de fonds de commerce et d'offres d'emploi : www.lhotellerie-restauration.fr

HR Infos est une revue d'informations en ligne : www.hr-infos.fr

Le Chef est le magazine des chefs de cuisine : www.lechef.com

Néorestauration : www.neorestauration.com

Syndicats professionnels

CPIH, Confédération des professionnels indépendants de l'hôtellerie, regroupe les indépendants du secteur de l'hôtellerie-restauration : www.cpih-france.com

FAIGHT, Fédération Autonome Générale de l'Industrie Hôtelière Touristique : www.fagiht.fr

SNARR, Syndicat National de l'Alimentation et de la Restauration Rapide : www.snarr.fr

SNRTC, Syndicat national de la Restauration Thématique et Commerciale : www.snrtc.fr

SYNHORCAT, Syndicat National des Hôteliers, Restaurateurs, Cafetiers et Traiteurs : www.synhorcat.com

UMIH, Union des Métiers et des Industries de l'Hôtellerie : www.umih.fr

UPIH, Union Patronale de l'Industrie Hôtelière : www.upih.com

Organismes de formation dans le secteur de l'hôtellerie-restauration

ADEFIH, Association pour le Développement de l'Emploi et la Formation dans l'Industrie Hôtelière : www.adefih.org

ASFOREST, organisme de formation du SYNHORCAT : www.asforest.com

Centre national de ressources en hôtellerie-restauration, site dédié à la formation initiale de l'Éducation nationale aux métiers de l'hôtellerie et de la restauration : www.hotellerie-restauration.ac-versailles.fr

GNR-F, organisme de formation des syndicats SNARR et SNRTC : www.gnr-f.fr

GRETA des métiers de l'hôtellerie, formations pour adultes organisées par l'Éducation nationale dans le secteur de l'hôtellerie-restauration : www.greta-hotellerie.fr

UMIH-Formation, organisme de formation de l'UMIH : www.umihformation.fr

UNATECH, Union européenne pour la promotion des formations techniques dans les métiers de l'hôtellerie : www.unatech.org

Réglementation

Un guide très complet et très bien fait sur toute la réglementation du secteur, téléchargeable gratuitement : http://www.cci.fr/web/entreprises/publications-tourisme – Publications – Guide Hôtels Cafés Restaurants

La Documentation française, pour se procurer le guide des bonnes pratiques d'hygiène – restaurateur : http://www.ladocumentationfrancaise.fr/catalogue/9782110750945/index.shtml

Liste des Directions Départementales de la Protection des Populations (DDPP) : http://www.economie.gouv.fr/dgccrf/Liste-des-directions-departementales-de-la-protect

Protection du nom commercial à l'Institut National de la Propriété Industrielle (INPI) : www.inpi.fr

Commission Nationale de Titres-restaurants, à laquelle il faut adhérer pour pouvoir accepter les titres-restaurants : www.cntr.fr

Centrale de règlement des titres, organisme qui rembourse les titres-restaurants : www.crt.asso.fr

Législation sur la vente d'alcool et l'affichage obligatoire : www.drogues.gouv.fr – « Que dit la loi ? » – « Ce que dit la loi en matière d'alcool » – « Alcool et mineurs »

Droit de diffuser de la musique : www.sacem.fr

Protection sociale et droit du travail

Fiches pratiques sur le droit du travail éditées par le ministère du Travail et de l'Emploi : http://travail-emploi.gouv.fr – Rubrique « Fiches pratiques » – « Fiches pratiques du droit du travail ».

Net-entreprises, site regroupant quatorze organismes de protection sociale, permettant d'effectuer leurs déclarations sociales en ligne, ainsi que le paiement : www.net-entreprises.fr

Régime Social des Indépendants (RSI) : www.rsi.fr

Texte officiel de la convention collective nationale des hôtels, cafés et restaurants et ses avenants : www.legifrance.gouv.fr – Rubrique « Bases de données » – « Conventions collectives » – « Hôtels, cafés, restaurants (HCR) du 30 avril 1997 ».

Texte officiel de la convention collective nationale de la restauration rapide et ses avenants : www.legifrance.gouv.fr – Rubrique « Bases de données » – « Conventions collectives » – « Restauration rapide du 18 mars 1988 ».

Salons professionnels

ÉQUIP'HÔTEL, dédié à l'équipement des hôtels, cafés, bar et restaurants, se tient à Paris tous les deux ans : www.equiphotel.com

SIREST IDEAS, dédié aux innovations en matière d'hôtellerie et de restauration, est organisé à Paris tous les deux ans.

Le SIAL, salon international dédié aux innovations en agro-alimentaire, est organisé tous les ans à Paris : www.sialparis.fr

SIRHA, salon dédié aux innovations en matière d'hôtellerie et de restauration, se tient à Lyon tous les deux ans : www.sirha.com

Les réponses aux quiz

Quiz du chapitre 1

Question 1 : réponse b.

En vingt ans, la restauration rapide a connu une croissance soutenue, puisqu'un établissement sur six faisait partie de ce segment en 1993, et que la proportion atteint un tiers en 2009. Cependant, la restauration traditionnelle ne fléchit pas, du fait du développement de la restauration à thème.

Question 2 : réponse b.

Avoir un positionnement clair sur un segment de clientèle est un facteur essentiel de réussite. Il est difficile d'espérer répondre de manière satisfaisante aux attentes très diverses de la clientèle.

Question 3 : réponse c.

Le taux de survie à cinq ans d'une entreprise en franchise est de 90 %, alors qu'il n'est que de 53 % pour l'ensemble des entreprises. Un franchisé bénéficie en effet du savoir-faire du franchiseur et de la notoriété de l'enseigne. En contre-partie, il a peu de liberté d'action, notamment dans l'aménagement du point de vente et l'assortiment.

Question 4 : réponse a.

Le bail commercial est un contrat de location conclu entre le propriétaire de murs commerciaux et un locataire qui souhaite exercer une activité commerciale. Il est généralement signé pour neuf ans. La durée peut être plus longue, mais doit être déterminée. Le locataire a droit au renouvellement de son bail à l'échéance, ce qui lui garantit la pérennité de son activité.

Question 5 : réponse c.

Un pas-de-porte peut être demandé par le propriétaire du local vide pour que le locataire entre dans les lieux. Il se négocie en général en contrepartie d'un loyer peu élevé. Lorsqu'un locataire est déjà dans les murs, il peut demander à son successeur un droit au bail, c'est-à-dire une somme d'argent pour lui céder son bail commercial. À aucun moment, le fait de payer un pas-de-porte ou un droit au bail ne rend le payeur propriétaire des murs.

Question 6 : réponse a.

Le fonds de commerce est l'ensemble des éléments qui permettent d'exploiter le restaurant. Il se compose d'éléments incorporels (clientèle, droit au bail, nom commercial, enseigne, licence) et d'éléments corporels (aménagements, équipements et matériel du restaurant). Les murs ne font pas partie du fonds de commerce, mais peuvent être proposés à la vente avec le fonds de commerce.

Question 7 : réponse c.

Une technique de fixation du prix de vente très employée consiste à appliquer au coût matières du plat déterminé avec la fiche technique un coefficient multiplicateur pour obtenir le prix de vente HT. En y ajoutant la TVA, on obtient un prix de vente TTC, à moduler en fonction du positionnement, de la concurrence, du prix psychologique. Si le prix de vente ne couvre que les deux principales charges, vous ne faites aucune marge sur le plat, et même une perte.

Question 8 : réponse a.

Pour une carte équilibrée, on estime que le rapport entre le prix le plus haut et le prix le plus bas ne doit pas dépasser 2,5, voire 3 dans le cas d'une gamme longue. Dans le cas contraire, le client trouve l'écart de prix trop important.

Question 9 : réponse b.

La dispersion des prix est le principe d'Omnes qui préconise que la majorité des plats de la gamme se situe dans la tranche médiane, c'est-à-dire celle du milieu.

Question 10 : réponse c.

Lorsque l'indice réponse/prix (prix moyen demandé/prix moyen offert) est supérieur à 1, cela signifie que les clients prennent systématiquement les plats les plus chers, les prix sont trop bas par rapport à leurs attentes.

Quiz du chapitre 2

Question 1 : réponse c.

L'activité de restaurateur est une profession commerciale, il n'y a pas d'exigence de diplôme, contrairement aux professions artisanales (traiteur, boucher, boulanger, etc.).

Question 2 : réponse a.

Le permis d'exploitation est remis au futur restaurateur à l'issue d'une formation d'une durée de vingt heures. Il est obligatoire pour tous les établissements qui vont servir de l'alcool, c'est-à-dire ceux qui détiennent une licence de débit de boissons ou une licence de restaurant, petite ou grande. Seuls les établissements ne servant pas d'alcool sont dispensés du permis d'exploitation.

Question 3 : réponse b.

La petite licence de restaurant comme la grande de restaurant n'autorisent à servir des boissons alcoolisées qu'à l'occasion d'un repas. La petite licence de restaurant n'autorise que les boissons du premier et du deuxième groupe. Pour être autorisé à servir des boissons alcoolisées en dehors d'un repas, il faut avoir une licence « débit de boissons ».

Question 4 : réponse a.

Il faut au moins une personne pouvant justifier d'une formation en hygiène alimentaire, soit parce qu'elle a obtenu un diplôme de la profession après le 1er janvier 2006, date de la mise en place du « paquet hygiène », soit parce qu'elle a suivi une formation spécifique d'une durée minimale de quatorze heures.

Question 5 : réponse b.

Le principe est l'interdiction de fumer dans un restaurant, sauf si votre façade est ouverte, ou si vous avez affecté une salle à la consommation de tabac. Mais cette salle doit répondre à des normes très strictes et aucune prestation ne peut être servie dedans. L'aménagement des terrasses s'est donc développé pour accueillir la clientèle fumeuse : la terrasse ne doit pas être entièrement couverte et close sur les côtés. Les tribunaux ont estimé que les bâches en plastique n'étaient pas hermétiques et laissaient passer l'air.

Question 6 : réponse b.

Les prix affichés doivent être les prix nets qui seront payés par le client, donc les prix TTC. Les cartes et les menus doivent être affichés à l'extérieur de l'établissement, pendant la durée du service, ainsi que dès onze heures trente pour le déjeuner et dix-huit heures pour le dîner. On doit retrouver à l'intérieur du restaurant des cartes et des menus reprenant les informations affichées à l'extérieur.

Question 7 : réponse c.

Vous devez payer une redevance à la SACEM dès que vous diffusez une source musicale dans votre établissement.

Concrètement, que ce soit par l'intermédiaire de la radio, de la télévision, d'Internet, d'un CD ou d'un DVD, cette redevance est due.

Question 8 : réponse b.

Il est interdit de refuser les pièces de monnaie et les billets de banque ayant cours légal en France, même si ce sont des billets de 500 euros. Mais vous n'avez pas l'obligation de rendre la monnaie, c'est au client de faire l'appoint.

Question 9 : réponse c.

Il est interdit de rendre la monnaie sur les titres-restaurants. Une tolérance de deux titres-restaurants est admise en paiement d'un repas, à la condition formelle que le commerçant ne rende pas la monnaie. Les titres-restaurants sont utilisables les jours travaillés de la semaine. Ceux qui sont utilisables le dimanche ont une mention spéciale inscrite dessus.

Question 10 : réponse a.

Le CFE est le lieu où tout créateur doit déclarer l'existence de sa nouvelle entreprise. Celui dont dépendent les restaurateurs, qui sont des commerçants, se trouve à la CCI.

Quiz du chapitre 3

Question 1 : réponse c.

La caractéristique de l'entreprise individuelle est qu'il n'y a pas de distinction entre le patrimoine de l'entreprise et le patrimoine de l'entrepreneur, si bien que les biens personnels peuvent être saisis en cas de difficultés financières de l'entreprise. La déclaration d'insaisissabilité ne permet pas de protéger tous les biens personnels, mais seulement les biens fonciers. En devenant EIRL, vous protégez vos biens personnels en déclarant un patrimoine d'affectation pour vos biens professionnels.

Question 2 : réponse b.

Le régime de l'auto-entrepreneur n'est pas une forme juridique spécifique. Il s'agit d'une entreprise individuelle adaptée à une petite activité professionnelle, puisque le chiffre d'affaires annuel ne doit pas dépasser 81 500 euros (en 2012) pour une activité de vente de biens.

Question 3 : réponse c.

La SA est la forme de société adaptée aux projets importants ; il n'y a pas de limite quant au nombre d'actionnaires. Seuls deux associés suffisent pour créer les deux autres types de sociétés, SARL et SNC.

Question 4 : réponse a.

Le capital minimum d'une SA s'élève à 37 000 euros, alors que les autres types de sociétés n'ont pas de capital minimum fixé par la loi. Néanmoins, une société aura d'autant plus de crédibilité qu'elle dispose d'un capital important.

Question 5 : réponse b.

Comme une société est une personne juridique distincte, elle a son propre patrimoine. Les associés sont donc responsables dans la limite du montant de leurs apports en capital. Si vous avez apporté 10 000 euros de capital, c'est la somme maximale que vous pourrez perdre en cas de faillite de la société. Néanmoins, si vous êtes le dirigeant, votre responsabilité pourra être étendue à vos biens personnels s'il est établi que vous avez commis une faute de gestion. La SNC a pour particularité que les associés sont solidairement responsables sur l'ensemble de leurs biens personnels.

Question 6 : réponse c.

La déclaration d'insaisissabilité est réservée à l'entrepreneur individuel qui souhaite protéger sa résidence principale en cas de difficulté de son activité professionnelle. Le formalisme lié à la création d'une société consiste à rédiger les statuts, à enregistrer ceux-ci au Service des impôts des entreprises (SIE) et à annoncer la naissance de la société en faisant paraître une annonce dans un journal d'annonces légales.

Question 7 : réponse b.

Si vous souhaitez entreprendre seul, vous avez le choix entre l'entreprise individuelle, l'EURL et la SASU. Une SNC nécessite au minimum deux associés.

Question 8 : réponse a.

Une entreprise (excepté celles qui bénéficient du régime de la micro-entreprise) collecte la TVA pour le compte de l'État et a droit de déduire de cette TVA collectée le montant de la TVA qu'elle a payée sur ses achats (TVA déductible).

Question 9 : réponse a.

L'associé unique d'une EURL est soumis à l'IR. Il a la possibilité d'opter pour l'IS, mais cette décision est irrévocable (il ne peut revenir ensuite à l'imposition sur les revenus). Au cas où il aurait choisi cette option, son bénéfice aurait été taxé à l'IS au taux de 15 %, puisqu'il ne dépassait pas 38 120 euros (en supposant que son chiffre d'affaires ne dépassait pas 7 630 000 euros).

Question 10 : réponse c.

Les entreprises individuelles comme les sociétés peuvent bénéficier de ce régime fiscal simplifié, à la condition que leur chiffre d'affaires HT annuel ne dépasse pas 777 000 euros. Le plafond de 81 500 euros de chiffre d'affaires et la forme juridique d'entreprise individuelle sont les deux conditions pour bénéficier du régime fiscal de la micro-entreprise.

Quiz du chapitre 4

Question 1 : réponse a.

Le plan de financement se présente sous la forme de deux colonnes : les besoins, c'est-à-dire tous les investissements nécessaires pour avoir un restaurant « prêt à fonctionner », et les ressources qui vont permettre de financer tous ces besoins. La réponse b) décrit le plan de trésorerie et la réponse c) le compte de résultat prévisionnel de la première année.

Question 2 : réponse b.

Si votre apport personnel est suffisant et votre projet solide, le banquier vous accordera un prêt, remboursable en plusieurs années. Il n'est pas souhaitable de recourir au découvert bancaire, qui est une solution de financement à court terme, inadaptée pour financer des besoins à long terme (les investissements). Le BFR, s'il augmente, va nécessiter encore plus de ressources financières.

Question 3 : réponse b.

Le BFR représente la trésorerie dont votre entreprise doit disposer en permanence pour ne pas être à découvert. D'après la Fédération des centres de gestion agréés, le BFR de la profession est estimé à onze jours de chiffre d'affaires journalier.

Question 4 : réponse b.

La réglementation de sécurité contre les risques d'incendie limite la capacité d'accueil à une personne assise par mètre carré.

Question 5 : réponse a.

Toutes les dépenses qui diminuent le résultat de l'entreprise s'appellent des charges. Les produits sont tous les éléments qui augmentent le résultat : ce sont essentiellement les ventes. La différence entre les produits et les charges est le résultat. C'est un bénéfice si les produits sont supérieurs aux charges, une perte dans le cas contraire. Les immobilisations sont tous les investissements et équipements du restaurant : contrairement aux charges, elles sont conservées à long terme par l'entreprise.

Question 6 : réponse a.

Les décaissements sont les sorties d'argent qui diminuent la trésorerie. Les encaissements, tels un apport en capital ou l'obtention d'un emprunt, désignent les entrées d'argent qui augmentent la trésorerie.

Question 7 : réponse b.

La capacité d'autofinancement est une ressource qui apparaît lorsque votre activité génère un bénéfice. Elle correspond au bénéfice après impôt (puisque l'impôt n'est pas une ressource pour vous, mais pour l'État), auquel on ajoute la dotation aux amortissements (ressource mise de côté pour renouveler vos équipements usés).

Question 8 : réponse c.

Les charges variables sont proportionnelles au chiffre d'affaires : le restaurant consomme des matières premières en fonction des ventes. Les autres charges sont fixes : elles ne dépendent pas du niveau de l'activité.

Question 9 : réponse b.

La marge sur coûts variables est dégagée par le restaurant après avoir assumé les charges variables, soit 4 000 euros. Le taux de marge sur coûts variables est le rapport entre cette marge et le chiffre d'affaires, 4 000/10 000, soit 40 %.

Question 10 : réponse a.

Le seuil de rentabilité est le chiffre d'affaires minimum à réaliser pour ne pas faire de perte. Il se calcule en divisant le montant des charges fixes par le taux de marge sur coûts variables. Il est donc de 7 500 euros.

Quiz du chapitre 5

Question 1 : réponse b.

Pour choisir un restaurant qu'ils ne connaissent pas, les clients font d'abord confiance au bouche-à-oreille pour 58 % d'entre eux, puis à la devanture du restaurant pour 17 % d'entre eux, selon la société Coach Omnium. Le bouche-à-oreille a donc un impact fort.

Question 2 : réponse b.

Distribuer des tracts présentant votre restaurant et son offre dans le quartier, à l'heure du déjeuner, est le meilleur moyen de toucher votre clientèle cible, qui n'est pas celle qui fréquente l'office de tourisme. Quant au spot radio, il ne cible pas vos clients potentiels de manière précise et présente l'inconvénient de diffuser un message éphémère, qui ne permet pas à l'auditeur de mémoriser vos coordonnées.

Question 3 : réponse a.

Garder un client revient cinq à dix fois moins cher que d'en conquérir un nouveau. Fidéliser un client, c'est d'abord le satisfaire. Il faut se rappeler qu'un client satisfait propage sa satisfaction autour de lui par le bouche-à-oreille et par le biais des sites d'évaluation sur Internet.

Question 4 : réponse c.

Dans le groupe Vache à lait, on trouve les plats qui font la renommée du restaurant et contribuent à sa réputation. Bien que peu rentables, ces plats sont donc à garder à la carte.

Question 5 : réponse a.

Ces plats sont très rentables, mais ne plaisent pas aux clients. Il faut donc chercher à comprendre leur impopularité en agissant sur leur nom, leur composition ou leur prix, les mettre en avant. Après ces actions, s'ils continuent à ne pas être choisis par les clients, il faut les retirer de la carte.

Question 6 : réponse c.

Le ratio matières est la part des matières premières dans le chiffre d'affaires de votre restaurant. Les matières consommées comprennent les achats + le stock initial – le stock final. Un ratio matières se situe normalement entre 25 % et 35 % du chiffre d'affaires.

Question 7 : réponse c.

Le coût du personnel est le poste de charges le plus important d'un restaurant, puisqu'il pèse de 30 % à 40 % du chiffre d'affaires. Contrôler ces coûts tout en ayant un personnel de qualité (ce qui est un critère de satisfaction de la clientèle fondamental), est donc un art difficile. D'autant plus que le secteur de la restauration souffre d'une pénurie de main-d'œuvre et d'un *turnover* important.

Question 8 : réponse a.

Le tableau de bord est un outil de gestion qu'un restaurateur a tout intérêt à réaliser chaque mois afin d'avoir une vision synthétique de sa rentabilité. Les coûts de fonctionnement sont regroupés en grands postes significatifs, contrairement aux documents comptables obligatoires.

Question 9 : réponse b.

Le *prime cost*, ou coût principal, est la somme des deux principaux postes de dépenses d'un restaurant : coût matières et charges de personnel. La marge sur *prime cost* est celle qui est dégagée après avoir payé ces deux plus grosses charges.

Question 10 : réponse a.

Le résultat brut d'exploitation indique la rentabilité du restaurant, indépendamment de vos choix de financement et d'investissement. Les coûts d'occupation (intérêts d'emprunt, crédit-bail, location du local, dotation aux amortissements) expriment ces choix de financement et d'investissement. Ils sont retirés du résultat brut d'exploitation pour obtenir le résultat courant avant impôt.

Index

A

affichage des prix 54
aides 170
amortissement 112, 119
apports personnels 110
assortiment 30
audiovisuel public 58
auto-entrepreneur 82

B

bail commercial 26
besoin en fonds de roulement 109, 127
bilan 99

C

capacité 49, 112
capacité d'autofinancement 126
capital 80, 84
carte bancaire 68
carte et menu 138
centre de formalités des entreprises (CFE) 72
centre de gestion agréé 67, 102
chaînes de restauration 17
charges
  – fixes 128
  – variables 128
chèque 67
coefficient multiplicateur 34
commissaire
  – aux apports 86
  – aux comptes 89
commission de sécurité 50
communication 119, 135
compte de résultat 99, 116
contribution économique territoriale 98
convention collective 65
cotisations sociales 63
coût
  – d'occupation 161
  – matières 32, 153
  – variables 130
coût du personnel 157
crédit-bail 119

D

déclaration d'affectation 83
déclaration d'insaisissabilité 78
Déclaration d'ouverture 48
déclaration unique d'embauche (DUE) 65
diplôme 41
Direction Départementale de la Protection des Populations 46
dispersion des prix 36

dotation aux amortissements 119
droit au bail 26

E

emplacement 24
emprunts 111
enseignes 22
Entrepreneur Individuel à Responsabilité Limitée (EIRL) 82
entreprise individuelle 78
Entreprise Unipersonnelle à Responsabilité Limitée (EURL) 84
espèces 66
Établissement Recevant du Public 49

F

facture 60
fiche technique 33
fidélité 144
fonds de commerce 27
frais d'établissement 108
frais généraux 161
franchise 22, 169
fumer 51

G

gamme 17
gérant 63, 87

H

HACCP 46
hygiène 46

I

impôt
 – sur le revenu 96
 – sur les bénéfices 96, 97
 – sur les sociétés 96
indépendants 17

L

licence 43
loyer 25

M

menu engineering 148
mercuriale 155
micro-entreprise 100
microsocial 64
musique 57

N

nom commercial 29

P

pas-de-porte 25
patrimoine 78
permis d'exploitation 42
personnes handicapées 51
plan
 – de financement 106, 124
 – de trésorerie 122
positionnement 17
prêt 110
prime cost 158, 163
principes d'Omnes 35
prix psychologique 32
promotion 36, 136, 146
protection des mineurs 56
protection sociale 62

publicité 87, 119

R

ratio matières 154
régime fiscal 98
Registre du Commerce et des
    Sociétés 73
registre unique du personnel
    65
réponse/prix 37
responsabilité 71

S

sécurité 49
seuil de rentabilité 128
Société Anonyme (SA) 84
Société à Responsabilité
    Limitée (SARL) 84

Société en Nom Collectif
    (SNC) 84
Société par Actions Simplifiée
    (SAS) 84
statuts de la société 86

T

tableau de bord 161
taux de remplissage 113
terrasse 50
ticket moyen 114
titres-restaurants 68
travailleur non salarié (TNS)
    63

V

viandes bovines 55

CRÉATION D'ENTREPRISE
JEAN-BAPTISTE TOURNIER
MONTEZ
VOTRE BUSINESS PLAN
AVEC SUCCÈS

EYROLLES

CRÉATION D'ENTREPRISE
ELIZABETH VINAY
RÉALISEZ VOTRE
ÉTUDE DE MARCHÉ
AVEC SUCCÈS
Réduire les risques et travailler
le lancement du projet

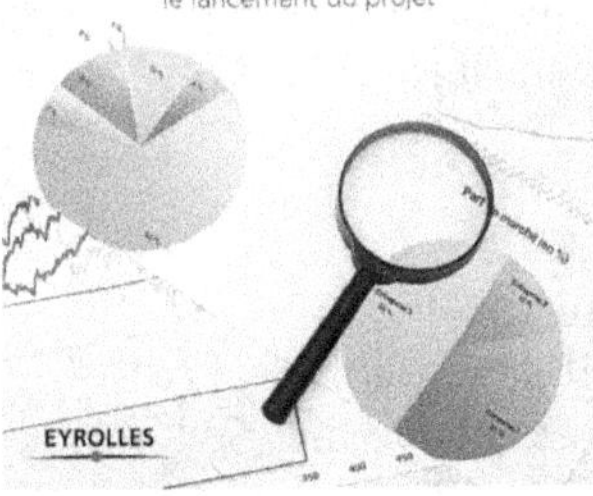

EYROLLES

www.ingramcontent.com/pod-product-compliance
Lightning Source LLC
LaVergne TN
LVHW010527060726

842525LV00013B/3011